BONO
10 Herramientas Para
Generar Resultados
Extraordinarios

CAMBIA TU
SARTÉN

21 PRINCIPIOS PARA TRANSFORMAR TUS CREENCIAS LIMITANTES
Y DISFRUTAR DE UNA VIDA ABUNDANTE

DR. BENNY RODRIGUEZ
PSICÓLOGO CLÍNICO & MASTER COACH

CAMBIA TU SARTÉN

**PRINCIPIOS PARA TRANSFORMAR TUS CREENCIAS LIMITANTES
Y DISFRUTAR DE UNA VIDA ABUNDANTE**

Dr. Benny Rodríguez

2021

Cambia Tu Sartén:
21 Principios Para Transformar Tus Creencias Limitantes
Y Disfrutar De Una Vida Abundante

Por Dr. Benny Rodríguez

Diseño gráfico: AcademiaDeAutores.com
Fuente de Imágenes: www.freepik.com / www.vecteezy

Impreso en los Estados Unidos de América

ISBN: 978-0-578-95129-4

Para Pedidos & Invitaciones:

Dr. Benny Rodríguez
www.DrBenny360.com
www.CambiaTuSarten.com
Síguenos en las Redes Sociales: @DrBenny360

RECOMENDACIONES

"Cuando queremos cambiar lo que es visible, primero debemos modificar lo que es invisible. Necesitamos ser libres interiormente para disfrutar lo mejor de Dios en esta vida. En este libro, mi amigo el Dr. Benny Rodríguez lo ayudará a descubrir los secretos para esta liberación. De esta forma, podrás disfrutar de una vida abundante. Feliz lectura y sepa que Dios hablará mucho a tu mente y corazón."

Arão Henrique Xavier
Psicoanalista, Pastor & Empresario
Ribeirão Preto, SP - Brasil

"En la vida conocemos personas que nos inspiran con sus acciones, y no sólo con sus palabras. Por años, Dr. Benny ha tocado corazones e inspirado cambios que traen resultados. Tuve la oportunidad de ser mentoreada con su sabiduría y nunca fue escaso en su esfuerzo. *"Cambia Tu Sartén"* contiene mucho de su experiencia y competencia como Master Coach. Su lenguaje ameno nos expandirá la mente"

Adriana Mirage, Ph.D
Educadora, Master Coach y Conferenciante
Dubai, Emiratos Árabes Unidos

"Escuchar las conferencias de una de las personas más innovadoras que conozco siempre crea un deseo de obtener nuevos resultados. Ahora que el Dr. Benny escribe este increíble libro, literalmente usted podrá renovar sus pensamientos al igual como lo hice yo. ¡Disfrútalo! Son herramientas que podrás usar por el resto de tu vida. Yo estoy experimentado los resultados."

Emmanuel Falcón
Pastor, Conferenciante y Autor
Fe Global, Monterrey – México

"Pensar en lo que piensas nos invita a elevar nuestro nivel de conciencia. Es ir más allá de lo obvio y analizar las estructuras que le dan forma a nuestras creencias, ideas y opiniones. En su libro, el Dr. Benny logra de manera muy efectiva, traducir los conceptos complejos de la psicología del éxito en estrategias prácticas para el empoderamiento personal. *"Cambia Tu Sartén"* es una invitación a expandir nuestras creencias, desafiar nuestros límites y soñar en grande"

Karel A. Hilversum
Co-Director Centro De Equipos y Liderazgo
Cornell University
Ithaca, NY - USA

"Tengo el privilegio de conocer al Dr. Benny desde hace un tiempo. Me impresiona su capacidad de explicar situaciones reales de vida usando analogías que te llevan a pensar. *"Cambia Tu Sartén"* nos muestra un proceso directo de auto-exámen en nuestra forma de pensar. Sin este análisis viviríamos como máquinas automáticas. ¡Gracias Benny! porque nos haces entender que Quien nos dio la mente también nos da la forma de optimizarla."

José L. Stacey
Terapeuta, Coach y Conferencista
Rosario, Uruguay

"El libro que tienes en las manos te ayudará a abrir tu mente y tu corazón para disfrutar lo que el Eterno Dios ya ha depositado dentro de ti. Tengo más de 15 años de amistad con el Dr. Benny Rodríguez y en cada conversación y café que tomamos juntos, a menudo fui desafiado por las propuestas de vida del autor. ¡Prepárate para cosas mayores!"

Axel Pacheco
Apóstol y Empresario
Iglesia CC Betel Florida - USA

"El libro del Dr. Benny *Cambia Tu Sartén* es absolutamente fascinante, liberador y profundamente provocativo. El libro ofrece un enfoque alentador para aquellos que han sido condicionados por patrones sociales y que no les permite cambiar su forma de pensar. Contiene verdades y principios transformadores que lo sacarán de sus limitaciones. ¡Léalo y sea transformado para la Gloria de Dios."

Pastor Rafael Bello
Amo Church
Rio de Janeiro – Brasil

"No tengo ninguna duda de que el mensaje de la Biblia está constantemente vivo en nosotros. La Palabra no sólo nos da instrucciones relevantes para el tiempo presente. Al estudiarla con una mente abierta, nos daremos cuenta de que es la guía perfecta y práctica para nuestras decisiones futuras. Gracias Dr. Rodríguez por guiarnos en este proceso para no perder la perspectiva de que la Palabra de Dios es viva y eficaz."

Orlando Rodríguez
Ingeniero de Sonido y Productor Musical
Ganador de 5 Premios Grammy
Aguadilla, PR

"Quienes trabajamos con el desarrollo personal y el alto rendimiento sabemos del impacto que nuestras creencias y valores tienen en nuestros resultados. Debemos romper todas las creencias que nos limitan a tener una vida plena en Dios. El libro del Dr. Benny trae aspectos esenciales del proceso de transformación y renovación de la mente. Los cambios te llevarán a la grandeza personal. Recomiendo leerlo a todos los que quieran vivir una vida abundante y plena."

Adam Nöckel
Master Coach de Negocios y Ejecutivos
ActionCoach
São Paulo – Brasil

"Dr. Benny Rodríguez es uno de los coaches que más admiro. Él consigue alinear todas las referencias académicas de una manera práctica. En sus entrenamientos, conferencias y clases mantiene el balance entre profundidad y el buen humor. Consigue tocar las mentes y corazones de los oyentes con gran maestría. Es, sin duda, un profesional que admiro y recomiendo."

Prof. Douglas de Matteu, PhD
Escritor, Master Coach y Conferencista
CEO de IAPerforma, São Paulo – Brasil

"¡Estaba esperando el día en que apareciera este libro! Tienes el privilegio y la bendición de acceder a la sabiduría del Dr. Benny. ¿Cómo puedes combinar profundidad, practicidad y amenidad? El autor sabe cómo hacer esto. El contenido capturados en esta increíble obra literaria son herramientas que debes utilizar, mientras se habla de la inmensidad de su persona y la contribución de su vida a la nuestra."

Dr. Omar Herrera
Pastor, Autor y Conferenciante
Cipolletti, Rio Negro - Argentina

"El Dr. Benny Rodríguez es una autoridad en cambiar mentalidades. Lo que enseña ha transformado a cientos de personas en todo el mundo, más su forma de vivir lo convierte en un ejemplo porque vive y practica lo que enseña. Estoy absolutamente segura de que *"Cambia Tu Sartén"* será una herramienta de cambio para tu mente y te llevará a una nueva temporada de bendición y de división de aguas en tu vida"

Pastora Ingle Freitas
Iglesia Apostólica Tiempo de Milagros
Curitiba, PR - Brasil

"¿Alguna vez te has preguntado cómo puedes ampliar tus capacidades? Cuando identificas que estás tomando decisiones al mismo nivel que los problemas, es el momento perfecto para *"cambiar tu sartén"*, o sea, tu forma de pensar. Muchas personas no se dan cuenta de que viven atrapadas en un ciclo de sobrevivencia. En este trabajo literario, el Dr. Benny comparte herramientas basadas en la Palabra para expandir nuestras mentes. Yo decidí cambiar mi "sartén" también."

Benjamín Rivera
Pastor, Cantante y Autor
Iglesia Vida Dallas, Irving, TX – USA

"Todos necesitamos de alguien que nos rete a salir de lo que consideramos común y normal. *"Cambia tu sartén"* no es un libro más; Es una herramienta valiosa que retará a ese ser escondido que está dentro de ti. El autor nos presenta de manera magistral cómo salir del estancamiento del que nunca fuiste diseñado para estar. Nunca podrás ver, lo que no has creído primero. Ponte sobre tus pies y sal corriendo a cambiar tu sartén!"

Apóstol Rafael Mojica
Nación De Fe & Father Children Design
Kissimmee, FL - USA

"Quienes tienen grandes responsabilidades, deben satisfacer grandes expectativas. Es precisamente lo que mi amigo, el Dr. Benny Rodríguez, nos enseña en este extraordinario libro *Cambia tu sartén*. A través de los principios y verdades transformadoras nos convertirnos en amos y no víctimas; dejando las limitaciones para accesar una nueva dimensión de libertad. Estas verdades permiten que la renovación de nuestro entendimiento sea una realidad. Agradezco a Dios la sabiduría contenida en estas páginas. Sé libre a medida que lo lees."

Rev. Hermes A. Espino
Pastor Rector, Casa de Oración Cristiana
República de Panamá

"Nos hemos enfocado más en conocer el mundo externo y le damos poca importancia al interno. Logramos grandes conquistas pero hicimos poco para conquistarnos. Creo que si no cambiamos nuestros patrones de pensamientos negativos, no se desarrollará el líder que llevamos por dentro. En este libro, el Dr. Benny Rodríguez, quien ha logrado reconocimiento nacional e internacional sobre este tema, te motivará a cambiar tu forma de pensar. Te invito a que leas y apliques este contenido en tu proceso de transformación hacia la madurez."

Dr. Danilo Polanco
Presidente - US Agency For Christian
Counseling Credentials & Accreditation
Orlando, FL – USA

"Este libro expresa la plenitud que Pablo explica en Romanos 12:2. El Dr. Benny, además de ser amigo, es un experto en el tema de la mentalidad. Declaro sobre tu vida productividad y expansión"

Dr. Eduardo Reis
Escuela del Reino & Reino Church
Balneário Camboriú, SC – Brasil

"Excelente libro para el desarrollo personal y profesional. Es genial para quienes resisten el cambio. El Dr. Benny Rodríguez es un entrenador y "coach" increíble que transmite inspiración para ayudarnos a comprender cómo podemos cambiar nuestra resistencia para lograr transformación. Nos mostrará muy bien en este libro los principios a seguir para alcanzar nuestro mayor potencial."

Cristina Samuels, MA
Institute of International Training
Entrenadora de liderazgo en más de 45 Países
Branson, MO – USA

"Éste es uno de esos libros que te confrontará con tu manera de pensar y te desafiará a creer en el diseño divino que Dios te dio para reflejar la grandeza que ya tienes adentro. El Dr. Benny Rodríguez una vez más nos deja sembrados poderosos principios que nos van a ayudar a salir del estancamiento que algunos hemos experimentado, aún durante años. Cómo bien lo dijo el autor; "la mente es el puente que conecta lo natural con lo sobrenatural."

Charlie Hernández
Músico, Compositor & Pastor Asociado
Faith Assembly of God
Orlando, FL - USA

DEDICATORIA

Mis palabras para Dios vienen directamente desde mi corazón como una canción de gratitud por Su gracia, favor y misericordia en mi vida. La inspiración que me dio fue fundamental para la realización de este sueño. A ti sea siempre toda gloria y honor. Declaro que este libro será un instrumento tuyo que llegará a las manos de muchas personas que desean disfrutar de Tu libertad. Amén.

A mi amada esposa, Mariela y a mis hijos, David e Isabella. Sin lugar a dudas, son ellos mis "*maestros*" y "*consejeros*" quienes me demuestran a diario el poder de estos principios. Son mi real inspiración. Declaro sobre ellos que son agentes de cambio y sanidad para esta y las futuras generaciones. ¡Los amo!

Me gustaría incluir de manera especial a mis padres, Benigno y Carmen, por criarnos en una casa donde nunca nos permitieron pensar con *"sartén"* pequeño. Honro sus semillas en mi vida. También agradezco a mi familia: Sylvette, Mariel, Luis Fernando, Javier y todos mis sobrinos.

A mis suegros, José y Elizabeth por su gran apoyo. Han siempre creído en mí y lo demuestran estando siempre presentes para ayudarnos a continuar cumpliendo nuestra asignación.

A mi primer profesor de psicología, Dr. Virgilio Rodríguez, quien en pocos minutos logró cautivar mi interés por este fascinante campo del saber. Hasta el día de hoy, creo que Dios lo usó como instrumento para conectarme a mi destino.

A todos los ministros, amigos, líderes, consejeros y mentores que de alguna manera a lo largo de mi vida me han dado el regalo de su sabiduría.
A todos simplemente les digo:
¡Muchas gracias! ¡Son todos bendecidos!

Con mucho aprecio,

Benny
Orlando, FL –USA

TABLA DE CONTENIDO

Un Mensaje Especial Para Ti   17

Mi Compromiso   21

Introducción: ¿Y Qué Es Eso Del "Sartén"?   23

Principio 1: Todo Comienza Y Termina En Tu Cabeza   29

Principio 2: Conoce El Diseño Del Fabricante   35

Principio 3: Dios Tiene Interés En Tu Mente   43

Principio 4: Diseñado Para Prosperar   49

Principio 5: Naciste Para Sobreabundar Y No Para Sobrevivir   57

Principio 6: Ignora Tus Limitaciones: La Lección Del Abejorro   63

Principio 7: Actualiza Tu Sistema Operativo Constantemente   67

Principio 8: La Libertad No Significa Transformación   73

Principio 9: Tu Forma De Pensar Es Contagiosa   79

Principio 10: El Poder Del Pensamiento Correcto   87

Principio 11: Lo Histérico Es Histórico   93

Principio 12: Reconoce Las Señales De Peligro   99

Principio 13: Los Principios Son Mayores Que Las Opiniones   107

Principio 14: ¿Estás Mirando Al Maestro O La Tumba Vacía?   113

Principio 15: Tienes Que Creer Para Ver   119

Principio 16: Creer Es Crear   125

Principio 17: Derriba Los Muros Mentales   131

Principio 18: Deja De Ser Tu Peor Enemigo   139

Principio 19: Siempre Ahora Es Un Buen Momento   145

Principio 20: Tienes El Poder De Romper El Ciclo   151

Principio 21: Transforma Tus Resoluciones En Revoluciones   157

Ahora... ¿Cuáles Son Los Próximos Pasos?   165

Guía Bono: 10 Herramientas Para Generar Resultados   169
Extraordinarios

Acerca del Autor: Dr. Benny Rodríguez   181
Conferencia De Transformación Personal "Upgrade"   183
Academia De Autores   185

UN MENSAJE ESPECIAL PARA TI...

Qué feliz estoy de publicar esta edición revisada de mi libro. Me siento muy privilegiado de que estés interesado en leerlo. Sé que estás invirtiendo tu tiempo para aprender principios bíblicos y prácticos acerca de cómo transformar tu mente y vivir a la altura de los planes de Dios para ti. En el 2014, publiqué la versión original de este libro y la respuesta de la gente fue muy interesante y abrumadora. Basado en los comentarios y preguntas de mis lectores, decidí lanzar una nueva y actualizada edición del libro bajo un nuevo formato.

Como parte de los cambios, integré una sección especial titulada *"¡Switch!"* que encontrarás al final de cada principio. *"¡Switch!"* es el sonido que se produce cuando ocurre un cambio súbito y rápido. ¡Es exactamente lo mismo que ocurrirá dentro de ti! Hacer *"¡Switch!"* es integrar el conocimiento de manera rápida y práctica a través de preguntas de reflexión personal.

Las preguntas que nos hacemos tienen el poder para redireccionar nuestros pensamientos. Tanto sirven para fortalecernos como también para distraernos.

Como te habrás dado cuenta ya, el tema del libro es sumamente emocionante para mí. Desde que comencé a estudiar psicología y desarrollo personal para el año 1993, he visto un creciente interés en las personas para aprender y entender más sobre lo que está sucediendo en el espacio que existe *"entre medio de nuestras orejas"*. He tenido la oportunidad de compartir sobre este tema en 15 países frente a miles de personas en eventos, empresas, organizaciones e iglesias.

De las muchas historias que podría contar, encontrarás las mejores dentro de las páginas de esta obra. Este libro es el producto de más de 25 años de formación, lecturas, certificaciones e investigaciones en el área del comportamiento humano sumado a largas horas de terapia y sesiones de entrenamiento con mis participantes. Aun con todo esto, el gran diferencial fue el tiempo dedicado a estudiar la Palabra de Dios, lo cual le da el verdadero sentido a todo.

Este libro está diseñado para ayudarte a conseguir una comprensión clara, bíblica y práctica de cómo funciona el diseño de nuestra mente. También entenderás cómo puedes renovar tu *"sistema operativo"* para lograr una vida llena de abundancia. Si estás buscando un libro académico que explique las teorías psicológicas y del comportamiento humano, te diré que este no lo es. De forma intencionada, el libro fue escrito con un vocabulario libre de tecnicismos para que hubiera una comprensión fácil y directa del contenido. Esto no significa que no sea profundo. Con toda transparencia te digo que fui el primero en ser confrontado y sorprendido por los principios que están dentro de estas páginas. No porque yo los escribí, sino por el "*espíritu de vida*" que llevan las letras. Le pido a Dios que lo mismo ocurra en tu vida. Recuerda que la Palabra es viva y eficaz.

Es una lectura recomendada para todos, especialmente a todos los ministros, consejeros, terapeutas, coaches, emprendedores y líderes en general. Te invito a aprovechar cada una de las páginas del libro y, sobre todo, a poner en práctica lo que aprenderás aquí. Ya estoy ansioso de recibir tus comentarios y cuál fue tu experiencia de cambio con Dios.

¡Es hora de comenzar tu proceso de cambio de sartén!

¿Estás Listo?

MI COMPROMISO

Soy consciente de que todo comienza con el deseo de cambiar.
Por eso, lo que haré ahora es un serio compromiso.

Al leer estas líneas, estoy declarando el deseo de ser
transformado. Creo que mis nuevos resultados estarán
asociados con mi nueva forma de pensar.

Reconozco que hay una buena oportunidad frente a mí.
Al abrir este libro, sé que una nueva etapa de mi vida comenzó.
Me estoy acercando más al cumplimiento de mi misión y
propósito en la Tierra.

Entiendo que este libro no llegó a mis manos por accidente.
Con mi entendimiento renovado, Dios me revelará sus planes
perfectos para mí.

Mi forma de pensar está alineada al Gobierno del Cielo
porque estoy entendiendo que fui creado para gobernar.

El dolor del pasado ya no tendrá control sobre mí.
La culpa y la vergüenza no pueden generar transformación.
Sólo la vida puede generar vida en mí.

Acepto que mi transformación está basada en mi
nivel de auto-responsabilidad y en las decisiones de vida
que estoy tomando.

Mis decisiones afectan mi vida y la de las personas que me
rodean. Es por eso que tengo que pensar, sentir y hacer
alineado a los principios que me traerán el crecimiento que
deseo.

De forma consciente y constante, colocaré en práctica
todo lo que voy a aprender aquí. Yo sé que la única manera de
ver cosas nuevas es haciendo cosas nuevas.

Mi vida y mis resultados serán una manera de inspirar a otros
acerca de la importancia de tener una mente renovada.

_____

Mi Nombre

INTRODUCCIÓN
¿Y QUÉ ES ESO DEL "SARTÉN"?

En una ocasión, un anciano estaba pescando en un lago mientras un joven lo observaba a la distancia. Inmediatamente, el anciano comenzó a sacar peces muy grandes del agua pero reaccionaba con mucha frustración. Con gran rabia, le sacaba el anzuelo y arrojaba los peces grandes de regreso al agua. Este comportamiento le pareció muy extraño al joven que observaba este *"espectáculo"* desde la orilla. Tras varios intentos con los mismos resultados, el anciano movió su embarcación a otra parte del lago. Allí comenzó a enganchar peces muy pequeños y de menor calidad que los anteriores. Sin embargo, su reacción ahora fue de extrema alegría e inmediatamente guardó su pesca dentro de su barco.

El observador quedó tan confundido y curioso por lo que estaba viendo, que decidió esperar al anciano en el muelle.

23

Al arribar el pescador, nuestro curioso amigo no tardó ni un segundo en hacerle la gran pregunta que también tienes tú. Con voz fuerte y demandante le preguntó: *"¿Por qué devolvías enfurecido los peces grandes al agua mientras guardabas felizmente en tu barco los peces pequeños?"*

El anciano sorprendido por la pregunta, sonrió calmadamente hacia el joven y le respondió: *"Amigo, es muy simple... Lo que sucede es que mi sartén es así de pequeño"*, colocando ambas manos en el aire y dejando sólo unos pocos centímetros de espacio entre ellas.

El *"sartén"* es la metáfora usada que representa nuestra forma de pensar y soñar. El tamaño de tu visión personal es el reflejo de la percepción y expectativas que tienes de tu destino. En el libro *"Think Like a Winner"*, su escritor, Walter Doyle Staples, habla de la teoría de las expectativas. Su propuesta dice que las creencias fundamentales sobre nosotros y el mundo que nos rodea son el principal determinante para el éxito en la vida.

De hecho, es a través de nuestras creencias que creamos el mundo en el que vivimos, a eso que le llamamos realidad. Nuestras creencias están directamente relacionadas con los tipos de pensamientos que tenemos o dejamos de tener. Por esta razón, nuestras creencias determinan las expectativas que tendremos sobre nuestro futuro. Las expectativas son nuestra fuerza interna que generamos para darle forma a nuestros resultados futuros.

Nuestras expectativas determinan nuestras actitudes y nuestras actitudes influencian nuestros comportamientos. Algunos estudios señalan que evaluamos las experiencias no sólo a la luz de los resultados, sino en gran medida a partir de la expectativa que generamos sobre lo que creemos que ocurrirá.

Aunque su enfoque es sumamente interesante no fue el primero en explicar esto. *¿Por qué lo digo?* Porque muchos siglos antes, el escritor de la epístola a los Hebreos en el capítulo 11 dijo que *"la fe es la certeza de lo que esperamos y la convicción de lo que no vemos".* La fe que Dios pone en nosotros es el factor que hace las cosas imposibles tornarse posibles. Es por eso que Jesús mismo dijo que *"Si puedes creer, al que cree todo le es posible"* (Marcos 9:23)

Entonces, creo que la pregunta que me toca responder ahora es: *¿Cómo puedes identificar las mentalidades de "sartén pequeña" y "sartén grande"?* Me gustaría presentarte a continuación una descripción bien práctica de cada uno de los perfiles:

Mentalidad de "Sartén Pequeña"

- Los desafíos son más grandes que las promesas
- Le gusta vivir en la zona de comodidad
- No funciona con auto-responsabilidad
- Culpa a los demás por lo que no tiene
- Siempre está en la "*pelea*" o "*en la lucha*"
- No tiene urgencia para lograr sus objetivos
- Encuentra un problema para cada solución

- Pocas veces tiene planes definidos
- Le gusta la incertidumbre
- Se conforma con cualquier cosa
- Piensa que todo es un juicio de Dios
- Espera que Dios haga lo que nos toca hacer
- Se pregunta constantemente "*¿Por qué*"?
- Se basa en las probabilidades
- Te dice "*demuéstrame que funcionará*"
- Se centra sólo en su propio bienestar

Mentalidad de "Sartén Grande"

- Las promesas son más grandes que los desafíos
- Asume riesgos en las decisiones
- Trabaja bajo la auto-responsabilidad
- Se esfuerza por producir resultados
- Siempre procura la "*oportunidad*"
- Trabaja con enfoque y urgencia
- Encuentra soluciones para los problemas
- Funciona basada en estrategias
- Le gusta la precisión y la certeza
- Siempre busca eficiencia e innovación
- Cree en un Dios justo y misericordioso
- Ella es proactiva y enfocada en la tarea
- Se pregunta constantemente "*¿Y por qué no*"?
- Se basa en posibilidades
- Te dice "*demuéstrame que no funcionará*"
- Se centra en su propio bienestar y en el de los demás

El tamaño de tu *"sartén"*, tus creencias, determinarán tu actitud ante la vida. Es por esta razón que el anciano se enfurecía

26

con los *"peces grande"*. El tamaño de los peces era contrario a sus expectativas. Sus expectativas, así como su forma de pensar, eran bien limitadas. Las personas que entienden este principio, al cual yo le llamo *"expansión constante"* son las que terminan atrapando los *"peces grandes"* de la vida.

Dije *"constante"* intencionadamente porque la expansión mental o *"cambiar la sartén"* es un proceso que debemos hacer todos los días de nuestra vida. Además del favor y la gracia que Dios nos da, el éxito también se debe a la actitud de *"sartén grande"* que anteponemos tanto ante los desafíos como frente a las oportunidades de la vida. Recuerde, no podrá cambiar lo que no identifiques primero.

"Cambia Tu Sartén" es una propuesta literaria para hacerte *"pensar en lo que piensas"*. Mi deseo es comunicar verdades y principios transformadores que te hagan pasar de algún nivel de limitación en tu vida a una nueva dimensión de libertad. Cada capítulo es un principio que te revelará cómo lograrlo. Todo gran resultado externo comienza con ajustes internos.

Renovar nuestro entendimiento es un deber y responsabilidad que todos tenemos. No importa si eres ejecutivo, profesor, alumno, hombre, mujer o de otra nacionalidad. Tienes el poder de transformar tu vida cambiando el nivel de tus pensamientos. Esta acción nos protege de quedarnos estancados o intentar refugiarnos en el pasado. El cambio nos protege de practicar la ignorancia que nos lleva a revivir ciertas experiencias, especialmente las dolorosas. El autor Antonio Machado dijo una vez: *"No hay nada más peligroso que la ignorancia puesta en práctica"*.

La consecuencia de cambiar nuestros pensamientos por haber expandido el *"sartén"*, es conocer la voluntad de Dios para nuestras vidas. La mente es el puente que conecta lo natural con lo sobrenatural. Si nuestra mente no se renueva, no tendremos una revelación de los planes y propósitos del Señor en nuestra vida. De esta manera, te verás limitado a conformarte a lo que la vida te dé y no podrás disfrutar de toda la abundancia que el Padre tiene para ti.

Entonces, la pregunta más importante ahora es:

¿De Qué Tamaño Es Tu "Sartén"?

PRINCIPIO 1
TODO COMIENZA Y TERMINA EN TU CABEZA

Sin duda, el mayor acto de amor que recibió la humanidad fue el sacrificio de Jesús en la cruz. Después de ser juzgado y maltratado, el Maestro fue llevado al famoso y público Gólgota para esperar el momento de su muerte. Curiosamente, la traducción de la palabra griega *"Gólgota"* significa *"lugar del cráneo o calavera"*. La palabra *"Calvario"* también se usa en algunas traducciones bíblicas. Es decir, la cruz estaba en el Gólgota, la cruz se colocó en la cabeza.

No puedo evitar pensar que todo esto sea una mera coincidencia. Si analizamos esto con mucha atención, veremos que todo terminó donde empezó: *en la cabeza*. ¿Cómo? La humanidad fue herida en la "*cabeza*" en el Edén y redimida en la cabeza, *el Calvario*. Por eso, para entender la base de cómo funciona la mente y el porqué de los resultados que tenemos, tenemos que volver al lugar y momento donde todo comenzó: *Génesis*.

Dice el relato de la creación que *"Jehová Dios formó al hombre del polvo de la tierra, y sopló en su nariz aliento de vida, y fue el hombre un ser viviente"*. (Génesis. 2:7) A partir de este momento, el espíritu vive dentro de un cuerpo que es operado por un alma (más adelante la llamaremos nuestro "*sistema operativo*"). Desde el principio, la función esencial del alma del ser humano fue ser el punto de acceso a lo sobrenatural. No sé si estás plenamente consciente del ambiente sobrenatural que existía antes de la "*caída*" del hombre más era así:

- No pensábamos como lo hacemos ahora
- No cuestionábamos a Dios como lo hacemos ahora
- No había dudas y ni limitaciones
- Nombró a los animales con creatividad ilimitada
- Teníamos todos los recursos ilimitados
- No necesitábamos fe
- Rodeados de oro, plata y todo tipo de minerales
- No había en nosotros una "*mentalidad de pobreza*"
- No había enfermedad, ni conflicto
- Gobernamos con nuestras palabras.

Y ahora, *¿Qué te pareció?* *¿Te gustó la escena?* La obvia respuesta creo que es un fuerte ¡Si! ¿verdad? Dentro de este mismo escenario, también existía una condición que Dios colocó ante ellos. Una muy fácil y sencilla.

"Y Jehová Dios hizo nacer de la tierra todo árbol delicioso a la vista, y bueno para comer; también el árbol de vida en medio del huerto, y el árbol de la ciencia del bien y del mal"
(Génesis 2:9)

La condición que Dios les habló claramente fue que podían disfrutar y comer de todo lo creado más no podían consumir del árbol del conocimiento del bien y del mal. Era muy claro y simple. De hecho, Adán y Eva tuvieron siempre la oportunidad de comer del árbol de la vida. Dios no les prohibió comer de este árbol. En otras palabras, el ser humano tuvo la oportunidad de ser eterno (Génesis 3:22). El diseño original de la mente tenía la capacidad de vivir y administrar todo dentro de este entorno divino. *¿No es esto poderoso?*

Todo estaba bien hasta que una voz diferente entró en la escena. ¡Fue la conversación que provocó la confusión y la peor decisión de la historia de la humanidad: *desobedecer a Dios comiendo de árbol prohibido.* La serpiente puso información distorsionada en sus mentes y el resto sabemos que es historia. Recuerda este buen principio: *información es formación interior.* Toda la información que filtra nuestra mente produce eventualmente pensamientos. Siendo más específico produce imágenes.

Así que las palabras viperinas crearon una *"película"* en la cabeza de ellos. Por eso te dije que todo empezó en la "cabeza". Dice en el libro Génesis 3:5-6:

"Sino que sabe Dios que el día que comáis de él, serán abiertos vuestros ojos, y seréis como Dios, sabiendo el bien y el mal. Y vio la mujer que el árbol era bueno para comer, y que era agradable a los ojos, y árbol codiciable para alcanzar la sabiduría; y tomó de su fruto, y comió; y dio también a su marido, el cual comió así como ella".

Los argumentos de la serpiente se centraban en distorsionar el conocimiento y la comprensión. Es decir, el ataque iba dirigido a su mente. Aquí se cumple la palabra de Mateo 13:19 que dice:

"Cuando alguno oye la palabra del reino y no la entiende, viene el malo, y arrebata lo que fue sembrado en su corazón. Este es el que fue sembrado junto al camino"

El enemigo siempre atacará tu mente primero. Él sabe bien que si toma control de ella nos alejaremos de la voz del Padre Eterno. Él sabe que si conoces y entiendes la Palabra de Dios, tendrás revelación y la usarás para vencerlo. *¿Te diste cuenta de que la figura profética de victoria que Dios usa en Génesis es aplastando la cabeza de la serpiente?* Significa que Dios anularía su capacidad de pensar y planificar contra Su Reino. Así fue como Jesús derrotó al diablo en el desierto.

No fue con un acto sobrenatural, ni con un ejército de ángeles o haciendo llover fuego. El Maestro venció la tentación magistralmente usando argumentos basados **puramente** en la Palabra. Por eso, tenemos que renovar nuestras mentes usando la Palabra Eterna. La palabra de Dios tiene espíritu y vida.

Las consecuencias de comer del árbol prohibido no sólo fue la muerte espiritual, que es la separación de Dios, sino que también nos arruinó la cabeza. La caída nos trajo la *"mentalidad del árbol"* como herencia. Al comer de un árbol que estaba anclado con sus raíces a tierra, ahora quedamos atrapados en la dimensión terrenal. En la Epístola a los Romanos, capítulo 5 y versículo 12, Pablo dice:

"Por tanto, como el pecado entró en el mundo por un hombre, y por el pecado la muerte, así la muerte pasó a todos los hombres, por cuanto todos pecaron"

Así fue que heredamos una mentalidad terrenal que no comprende directamente las cosas espirituales. La duda y el miedo entraron en el ser humano. Necesitamos fe para creer. Nuestra mente busca incansablemente evidencia para movernos. Nuestra salud física y mental se fragilizó. Ya no operamos naturalmente bajo el gobierno del cielo. Tenemos que verlo para creerlo. En otras palabras, ahora operamos con una mentalidad limitada y centrada en la escasez. Cada ser humano que llega a este mundo nace con una mente corrompida y sin revelación del plan de Dios para sus vidas.

Irónicamente, Dios decidió esconder Su propósito eterno dentro de nosotros. Pienso que para Él es el lugar más seguro que existe porque nuestra *"mente de árbol"* no lo entiende, ni sabe cómo accederlo. Por esta razón, es que Dios se reservó el cumplimiento de nuestros propósitos, porque el solamente sabe dónde está. Dios tenía ya una estrategia para rescatar la mente, ¡porque ahora el ser humano ha quedado atrapado en el mundo de la mente terrenal! Para poder operar dentro de Su voluntad y propósito, tenemos que reconectar y renovar el *"sistema"*. (Romanos 12:2)

Dentro del plan divino y perfecto, la mejor parte es que este orden perdido fue finalmente restaurado por Jesús en el Calvario, la cabeza. *¿Entiendes ahora por qué todo también terminó y fue restaurado en la "cabeza"?* La escena del Calvario representa una victoria suprema donde la *"Corona Eterna"* del Padre (Jesús) estaba en la *"cabeza"* como nuestra evidencia de triunfo. De esta manera, se abrió nuestro camino de regreso al Edén.

¡Switch!

1. ¿Cuáles son los tres (3) *"pensamientos de árbol"* que están impidiendo tu crecimiento?

2. ¿Cuál o quién es la principal fuente de información que alimenta tu mente?

PRINCIPIO 2
CONOCE EL DISEÑO DEL FABRICANTE

¡Qué bien se siente cuando nos compramos algo nuevo! Recuerdo el momento en que compré un televisor inteligente para nuestra casa. Quería instalarlo rápido y desesperadamente ver esa imagen de alta definición. Cuando abrí la caja, lo primero que vi fue un sobre de plástico transparente que dice "*Lea esto primero*". Allí dentro había varios documentos. Entre ellos, estaba el manual de instrucciones que es ese libro que solemos abrir al final o si tenemos algún problema. ¡Cualquier parecido con la forma en que a veces usamos la Biblia es pura coincidencia!

Abrí y miré el manual de instrucciones (*increíble, ¿no?*) para entender cómo funcionaba, cómo ensamblarlo y qué esperar de la televisión. El manual siempre se enfoca en los aspectos básicos asociados a las conexiones, funciones y mantenimiento más al final de este manual, también había un aviso muy importante que decía: *Garantía del fabricante*. Este aviso certificaba que el televisor debía funcionar basado en el diseño del fabricante y las expectativas del consumidor. De lo contrario, tenemos derecho a reclamar nuestro dinero de vuelta o recibir un nuevo producto.

Me gustó mucho esa promesa, pero lo que realmente me llamó la atención fueron las grandes letras rojas abajo que decían: ¡Atención! *("Warning! en inglés")*. ¡Era una advertencia! La nota explicaba que si el televisor se usaba incorrectamente y/o fuera del uso pensado por el fabricante, la garantía quedaría invalidada. En otras palabras, automáticamente perdería el derecho a realizar cualquier reclamo por el uso inapropiado del dispositivo.

Ya puedes imaginar a donde quiero llegar. Me refiero a que *"no hay garantía cuando se opera fuera del diseño"*. Todas las cosas relacionadas con el bienestar de nuestras vidas están dentro del *"Gran Manual"* llamado Biblia. Todos los pensamientos, funciones y advertencias de nuestro *"fabricante"* están allí, incluyendo el funcionamiento de nuestra mente y la importancia de cuidar lo que pensamos. Si conoces el diseño de tu mente, podrás aprovechar al máximo tu vida.

Conocer tu diseño asegura que no abusarás del uso que le das a tu vida ni te arriesgarás a perder la *"garantía"*. Te puedo asegurar que la mayoría de los problemas en nuestras vidas son causados por ignorar el diseño original de las cosas. El *"fabricante"* pasó mucho tiempo pensando en el diseño para mejorar nuestras vidas. Sin embargo, quien ignore el diseño tendrá un conflicto seguro.

Como mencioné anteriormente, nuestra mente fue diseñada por Dios para vivir dentro de un entorno divino y sobrenatural. El cielo operaba a través del alma del ser humano. En otras palabras, no existía nada que pudiese sorprender al ser humano. Era el cielo en la Tierra. Pero ahora que nacemos con una *"mentalidad de árbol"*, perdimos el acceso directo a lo sobrenatural porque no entendemos las cosas espirituales. Pablo escribiéndole a los Corintios lo explica muy bien.

"Pero el hombre natural no percibe las cosas que son del Espíritu de Dios, porque para él son locura, y no las puede entender, porque se han de discernir espiritualmente"
(1 Corintios 2: 14)

Las funciones originales de la mente se alteraron. Pienso que el cielo abandonó el cerebro. Se estableció allí una desconexión entre el entendimiento natural y divino. Ahora tenemos que capturar y procesar toda la información que recibimos usando nuestra limitada capacidad natural. El diseño original no ha cambiado. La forma en que Dios pensó y creo la mente sigue siendo igual y más vigente que nunca. Lo único que se atrofió fue nuestro discernimiento y capacidad de uso.

Según el diseño divino de la mente, existen siete (7) características esenciales que deseo explicarte a continuación:

Nuestra mente siempre está trabajando: Está 24/7 encendida y nunca descansa, aun si lo dudas de algunas personas (¡es broma!). Algo siempre está sucediendo siempre aun cuando dormimos. Algunas cosas que suceden dentro de nuestra cabeza están a nivel consciente y muchas otras de forma inconscientemente. Respirar, medir profundidad, sonidos, colores, olores, mantener el equilibrio, tomar decisiones, evaluar amenazas y riesgos, sentir hambre y temperatura todo está siendo procesado por la mente. Las millones de partículas de información (*bytes*) que son procesadas fueron recibidas por nuestros sentidos.

Los comandos inconscientes que recibimos pueden ser los más peligrosos para nosotros, porque es información que entra por la "*puerta trasera*" de tu mente. Muchos de los hábitos auto-destructivos, adicciones y comportamientos de auto-sabotaje, por ejemplo, son productos del mundo inconsciente. Te hablaré de esto en detalles más tarde.

Intenciona darle sentido a la información: Información es un conjunto organizado de datos procesados. Los datos sensoriales, una vez percibidos y procesados, generan un mensaje que cambia nuestro estado. El significado del mensaje nos guía en las decisiones. En otras palabras, es imposible no codificar y darle sentido a la comunicación. Si, por ejemplo, ahora te digo enfáticamente: "*¡No pienses en un caballo blanco!*" *¿Lograste* *evitarlo?* Difícilmente pudiste evitar pensar en el caballo porque para no pensar en algo, primero tienes que procesarlo, codificarlo y crear la imagen. O sea, tengo que pensar en lo que no puedo pensar para luego decirme *"en eso no pienses"*. El problema es que muchas veces nos faltan filtros conscientes para discernir que estamos pensando en lo que no debemos. Por eso es importante cuidar la información que consume tu mente.

Procura dar significado a las experiencias: Después del procesar los datos, la mente codificará la experiencia bajo un significado asociado a dolor o al placer / satisfacción. Basado en el significado que quede registrado, nuestra mente nos conducirá a evitar el dolor y acercarnos al placer o la satisfacción. Es una tendencia natural y auto-protectiva del ser humano. Recuerdo a una paciente que atendí hace unos años la cual me preguntó abrupta y firmemente en medio de la sesión *¿Cuál perfume yo traía puesto.* A los pocos segundos volvió a hacer la misma pregunta pero en un tono más serio y pesado. En ese momento, ni siquiera recordaba si tenía perfume, y mucho menos del nombre. Ella comenzó a cambiar su estado y era obvio para mí que no estaba ya hablando conmigo.

Ella estaba proyectando su pasado doloroso sobre mí. Su estado emocional alterado se había activado basado en el significado que ella le dio a esa fragancia en el registro de su memoria. Al final, descubrí que traía puesto el mismo perfume que usaba su ex-marido, el agresor. El aroma de mi perfume la llevó a imaginarse a su pasado atacante en esa silla. Este es un buen y real ejemplo del poder de los significados.

Funciona a través de filtros personales: Dijimos que el significado es el resultado del procesamiento. Más toda la información recibida pasa primero por nuestros filtros personales antes de internalizarse. En otras palabras, la información que está en el exterior nunca se internaliza 100% pura en nuestra mente. Cuando leas el Principio 17 llamado *"Rompe Tus Creencias Limitantes"*, esto te hará más sentido.

Nuestros filtros se están formando a lo largo de nuestras vidas. Están en constante evolución basado en las experiencias y las nuevas informaciones que recibimos. La forma en que ves e interpretas tu vida hoy ciertamente no es la misma que hace 10 años. Los filtros que creamos se basan en la información que consumimos, nuestra educación, las experiencias, nuestro contexto familiar, nuestra cultura, generación, raza, contexto político, redes sociales, comunicación, sexualidad y experiencias con Dios, entre otros.

Nuestra mente trabaja haciendo asociaciones: Todos los datos recibidos por nuestros sentidos y procesados por nuestra mente, serán acomodados dentro de nuestros *"archivos internos"*. Existen dos (2) formas posibles de almacenamiento: *asimilando o acomodando.* El proceso de asimilación significa el modo por el cual las personas ingresan nuevos elementos a sus esquemas mentales pre-existentes. Por acomodación se entiende el proceso mediante el cual modificamos nuestros esquemas (estructuras cognitivas) para poder incorporar nuevos objetos. Uno añade a lo que existe y el otro crea nuevas categorías.

Toda información incorporada estará asociada a múltiples elementos, como ubicaciones, olores, sonidos, imágenes y horarios, por ejemplo. Es por eso que a veces atravesamos por un lugar y recordamos los hechos que allí sucedieron. Esto explica por qué al escuchar una canción particular lloramos o reímos. Es simplemente por la asociación creada con ese estímulo. Aunque el evento pertenece a nuestro pasado, revivimos la experiencia en el presente. Tan real como si estuviera sucediendo en el momento. Existe un inmenso poder escondido dentro de las asociaciones. Un buen amigo mío dice; *"El que se quemó con leche caliente, ve una vaca y llora"*.

Funciona mejor con estructura y dirección: Por diseño, nuestro cerebro y mente tienen la capacidad natural de protegerse a sí mismos. El diseño que Dios le dio a nuestra mente permite que ella generalice, omita y distorsione selectivamente las *"toneladas"* de partículas de información que está recibiendo constantemente. Esto es parte del mecanismo de auto-preservación. Por eso, nuestro enfoque es limitado. Si nos concentráramos en todo al mismo tiempo, nuestra cabeza explotaría por una sobrecarga. Cuando nos enfocamos en algo, estamos eliminando otras opciones que existen en el entorno y conectándonos con algo específico.

Espero que te hayas dado cuenta de lo maravilloso del diseño divino de la mente. Esto es sólo un minúsculo fragmento de toda la información disponible sobre este tema. ¡Descubre, aprende y aprovéchala al máximo!

¡Switch!

1. ¿Qué experiencias de tu pasado debes resignificar para crear un futuro extraordinario?

2. ¿Qué patrones de pensamientos tienes que cambiar para mejorar tu calidad de vida?

DIOS TIENE INTERÉS EN TU MENTE

Me parece muy interesante el hecho de que casi todas las religiones hacen énfasis en el *"mundo de la mente"*. Estudiar y comprender lo que pensamos ha sido de gran fascinación para muchas culturas, filósofos y grandes pensadores a lo largo de la historia. Lo que me entristece es que para la iglesia cristiana en general, comprender el poder de nuestros pensamientos pareciera no ser un tema de alta prioridad. Al menos, esta es mi opinión. Gracias a Dios está cambiando gradualmente aunque aún hay quienes piensan que hablar de la mente dentro del contexto eclesiástico es un tema secular y mundano.

En una ocasión, fui invitado a una *"emboscada"* pública disfrazada de *"conferencia"*. Así le llamo a lo que sucedió en esa experiencia inolvidable. Me invitaron a dar una conferencia acerca de la consejería bíblica donde siempre incluyo un tema sobre el diseño de la mente, sus funciones y cómo iniciar la transformación.

Después de semanas de coordinación y espera, finalmente llegó el gran día. Desde que llegué, percibí el ambiente un tanto tenso. Después de ser presentado por el líder organizador, comencé con todas mis fuerzas la presentación. Siempre procuro enseñar de una manera interactiva, animada y con humor para conectarme con la gente más fácilmente.

En esa ocasión, se me hizo muy difícil romper la *"gran cortina de hielo"* que estaba frente a mí. Me di cuenta de que querían participar pero algo se lo estaba impidiendo. Durante toda la presentación, un hombre de edad avanzada estaba sentado solo al fondo de la sala. Me miraba con su rostro muy serio por encima de sus lentes. De vez en cuando, algunas personas se volteaban a mirarlo. Era evidente que era alguien influyente en el grupo.

Hice lo mejor que pude para que nada de esto fuera una distracción y continué mi trabajo. Finalmente, llegué al final de mi presentación y me atreví a abrir el espacio para preguntas pero nadie hablaba. Parecía que me preguntaban algo con su silencio. Tenía tanta curiosidad por saber quién era aquel *"misterioso"* hombre al fondo así que le hablé directamente diciéndole: *";Saludos! Percibo que estuviste muy atento durante la presentación. ¿Tienes alguna pregunta?"*

Toda la sala se quedó en total silencio. Algunos incluso hasta se asustaron porque no sabían lo que iba a pasar. Todos se dieron vuelta para ver lo que iba a decir nuestro *"amigo"*. De forma pausada, aquel hombre se levantó de su silla y me dice con voz alta y desafiante: *"Joven, todo esto me parece lindo pero no va para ninguna parte... ¡No me hace ningún sentido! Pero mi mayor problema es este..."* - y después de una pausa que se sintió como años de espera, el misterioso hombre concluyó diciendo: *"...Dígame, ¿Dónde en la Biblia está la palabra "psicología"? ¡Porque si no está en la Biblia entonces no lo puedo creer, ni usar, ni aprobarlo!"* Ahora se podía escuchar el *"silencio del silencio"*. Fue como lanzar una bomba altamente emocional en medio de aquella sala de clases.

Las personas ya conocían la forma de pensar de aquel hombre por lo que no fue totalmente inesperado. Esto explicaba por qué muchos se volteaban a menudo a mirarlo mientras yo enseñaba. Todos me miraban ansiosos esperando a ver cómo yo respondería a su pregunta. Era obvio que aquel hombre quería provocar una polémica y poner en su pared la cabeza de otro *"psicólogo"* como trofeo (¡estoy exagerando un poco!).

Tomé una buena respiración, espere unos segundos y pensé. Como sabía que aquel hombre era el *"lobo alfa"* del grupo, cree un ambiente relajado usando un poco de humor. Al mismo tiempo, esto eliminó la atmosfera de amenaza y presión que existía allí (¡esta técnica funciona bien!).

Mirándolo fijamente le dije: *"Hermano, sólo le puedo dar una respuesta... ¿quiere la respuesta política o la respuesta sincera?"* Inmediatamente respondió: *"¡Siempre la verdad! ¡Quiero la respuesta sincera!"*. Ahora fue él quien cayó en mi emboscada porque yo sabía que elegiría esa opción. *"¡Muy bien!"*, le respondí, y sin dudarlo dije, *"Aunque la palabra alma o "psyche" si es mencionada, la palabra 'psicología', como se la conoce hoy no aparece en la Biblia".* El hombre inmediatamente comenzó a sonreír celebrando su aparente victoria más yo continué diciéndole: *"Y ahora, si es tan amable por favor, respóndeme esta pregunta... ¿En qué parte de la Biblia aparece la palabra optometría? Porque te veo usando espejuelos y si entendí bien, si no está en la Biblia no lo crees, ni lo apoyas".*

¡El hombre se quedó sin palabras! Fue como si le hubiesen removido la lengua. Abruptamente se levantó de su silla y se fue sin decir nada. Algunas personas comenzaron a reír. Otras parecían aterradas y otro grupo no sabía qué hacer. El líder que me presentó terminó la reunión inmediatamente y despidió a todos mientras yo pensaba: *"¡Dios mío! ¡Que hice! Señor, no dejes que este hermano se vaya de la iglesia por mi respuesta".* El líder que me había invitado muy amable me acompañó hasta mi vehículo. Íbamos hablando de todo menos de lo que acaba de pasar.

Sinceramente, no podía ocultar más mi preocupación ante él. No estaba ya escuchando lo que me decía porque sólo pensaba en aquel hombre. Por eso, le pedí que de ninguna forma permitieran a aquel hermano irse de la iglesia por mi respuesta. El líder muy sorprendido me miró y dijo: *"Dr. Benny, le aseguro que él no dejará nuestra congregación"*. Por la firmeza de su respuesta le pregunté cómo podía estar tan seguro de eso, a lo que me respondió: *"Porque ese hermano es el pastor principal de la iglesia"* Si ya me sentía mal, ahora me puse peor. Lo menos que deseaba era incomodar a su líder.

Afortunadamente, este líder discernió que realmente yo no sabía a quién le estaba respondiendo. Semanas después supe que esta congregación a menudo invitaba a psicólogos a este mismo tipo de *"emboscadas"*. Creo que esto no es necesario. Podemos diferir en amor si tenemos posturas teológicas diferentes. El poder tener una conversación de altura es una señal de madurez en cualquier líder.

Dios tiene sumo interés en nuestros pensamientos. Desea que tengamos Su mente para discernir la dimensión sobrenatural que perdimos en el Edén. Dice Pablo a los Corintios: *"Porque ¿quién conoció la mente del Señor? ¿Quién le instruirá? Mas nosotros tenemos la mente de Cristo" (1 Corintios 2:16)*. Aunque he estudiado psicología a nivel académico por más de 25 años, mi propósito no es acomodar la Biblia a las teorías psicológicas. Mucho menos manipular la información para que suene convincente. Hay principios psicológicos que pueden ser compatibles, y otros que son totalmente contrarios a lo que dice la Biblia. La palabra de Dios no necesita ayuda adicional o validación. Ella es única, viva y eficaz.

¡Switch!

1. ¿Estás convencido de que Dios tiene interés en tu mente? ¿Por qué?

2. ¿Crees que la psicología y la Biblia pueden ser compatibles de alguna manera?

PRINCIPIO 4
DISEÑADO PARA PROSPERAR

"¡Dios mío! ¿Y qué voy a hacer ahora?" Se preguntaba un empresario a sí mismo. Estaba endeudado y no podía encontrar una solución. Los acreedores lo estaban presionando y le exigían sus pagos. Allí sentado en el banco de un parque y con su cabeza agachada, se le apareció de la nada un elegante anciano. Parado frente le dijo: *"Caballero, veo que algo te preocupa".* Después de escuchar la historia del empresario, el anciano le respondió: *"¡Tranquilo! Creo que puedo ayudarlo".*

El anciano le preguntó al empresario su nombre, mientras escribía algo en un papel. Se dio vueltas y mirándolo fijamente a los ojos le dijo: *"Abre tu mano y toma este dinero. En exactamente un año, nos volveremos a encontrar aquí y me lo podrás devolver".* Aquel hombre se quedó sin palabras.

El generoso anciano se levantó y se fue de la misma forma en que apareció. El empresario tenía en sus manos un cheque por $500,000 dólares, firmado por John D. Rockefeller, ¡uno de los hombres más ricos del mundo en aquel momento! *"¡Uuuaaauuu! Ahora si acabaré con todos mis problemas de inmediato"* - pensó el desesperado empresario. Aún con esta gran ayuda, un nuevo sentimiento había nacido en él. En lugar de gastar todo el dinero, el empresario decidió guardar el cheque en su caja fuerte.

Con este nuevo impulso, una nueva idea le vino a su mente y activó su ingenio para convertirla en la solución que salvaría su negocio. De día y de noche trabajaba en el desarrollo de su nueva estrategia. Rápidamente, comenzó a cerrar nuevos negocios altamente rentables, y en cuestión de sólo dos meses ya había salido de sus deudas. Su negocio estaba generando ganancias nuevamente.

Exactamente un año después, el empresario regresó al parque sonriendo y sosteniendo en la mano el mismo cheque que le había dado el anciano. A la hora acordada, también el hombre venía caminando hacia él. Cuando el empresario quiso devolver el cheque a su *"ángel"* y contarle su historia de éxito, una enfermera desesperada llegó corriendo detrás de él y tomó al anciano del brazo, gritando: *"¡Dios mío! Al fin te encontré"*, exclamó ella. Luego miró al empresario y dijo: *"Espero que no te ande molestando. Siempre que se escapa del hospital psiquiátrico les dice a todos que es John D. Rockfeller"*.

El empresario no sabía si llorar o reír. Por todo un año, él había reconstruido su negocio convencido en su mente de que tenía medio millón de dólares en su caja fuerte. De repente, comprendió que sus resultados no tenían nada que ver con el cheque (*real o imaginario*). Su nueva temporada de prosperidad había llegado como producto de su nuevo sistema de creencias.

Es una historia sencilla y divertida. Sin embargo, contiene todo un resumen de los principios centrales que este libro va a desarrollar. Tus pensamientos y creencias es el puente que conecta lo natural con la vida sobrenatural de Dios. Si nuestra mente no está renovada será como una represa cerrada en vez de ser un canal. La represa está diseñada para retener y almacenar el agua. Si no se abren las compuertas, el agua no correrá.

Es lo mismo que ocurre cuando Dios toca tu mente. Se abren las "*compuertas*" mentales para que la vida fluya. Es lo que hace posible, lo imposible. Es lo que te saca de la mediocridad a los resultados extraordinarios. ¡Sí! Estoy hablando exactamente de todas las cosas que están sucediendo ahora mismo dentro de tu cabeza.

Hoy en día, hay personas que aún no saben lo que dice la Biblia sobre nuestra forma de pensar. Otro grupo, aun conociendo los versículos que hablan acerca de estas verdades, no aceptan que para Dios nuestros pensamientos son importantes para el cumplimiento de un destino. Después de más de dos décadas enseñando sobre estos temas en diferentes partes del mundo, he escuchado a personas decir que enseñar sobre la mente y los pensamientos en la iglesia es "nueva era", "ciencia positivista" o "secularismo".

Lo único que siento es lástima y compasión por estas personas. Al mismo tiempo estas creencias explican muchos de los resultados en sus vidas. Lamentablemente, si es cierto que hay personas que mezclan filosofías humanas con verdades eternas dentro de la iglesia. Este libro no es para eso. Mi motivación simplemente es presentar cómo la Palabra de Dios resalta y valora la importancia de ser cuidadosos con lo que pensamos.

La intención de este libro no es ofender, atacar o refutar la opinión de algunas personas. Todo por lo contrario. Mi deseo es alentar, motivar, revelar y difundir los principios transformadores para aquellos que desean ver su propósito manifestado. Dios desea que vivas en Su plenitud y que seas feliz. Su proceso en ti activará tus recursos personales para que llegues a tu destino. Tienes una buena herramienta en tus manos que te puede ayudar a lograr este objetivo. *¿Cómo te puedo hablar con tanta seguridad?* Porque la Biblia es mi garantía. Está declarado por Dios.

El texto central que usaré para desarrollar toda esta conversación se encuentra en el versículo 2 de la Tercera Epístola de Juan:

"Amado, yo deseo que tú seas prosperado en todas las cosas, y que tengas salud, así como prospera tu alma"

Vamos a estudiar este versículo con detenimiento. Lo primero que deseo resaltar es la naturaleza de la relación entre el remitente de la carta y el destinatario. Su conexión se basa en "*amor*" y por eso existe un deseo genuino y expresado de que su amigo prospere. Sólo una persona que ama puede desear cosas extraordinarias para otros. Esto es una buena señal para identificar si alguien tiene un corazón sano.

El objetivo es que "*todas las cosas prosperen en tu vida*". ¡Qué declaración tan poderosa! El origen de la palabra "*prosperar*" proviene de la combinación de las palabras latinas "*pro spere*", que literalmente significa "*actuar de acuerdo con la esperanza o expectativa de alguien*". En otras palabras, Dios tiene la esperanza y la expectativa de que todo en nuestra vida se expanda, crezca y progrese. En Dios no hay modo estático. Nuestro Creador puede exigir estos resultados porque fuimos diseñados con esta capacidad. No crecer y no prosperar son señales de disfunción en nuestras vidas. Simplemente muestra que algún "*virus*" está atacando nuestro sistema y deteniendo nuestro progreso. Ya para este punto usted sabe que la raíz de este "*virus*" está en lo más profundo de nuestro corazón: *los pensamientos.*

Tercero, ten en cuenta que el texto dice "*prosperar en todas las cosas*". La declaración está hecha en plural lo cual significa que aplica por igual a todos los aspectos de tu vida. Cuando las personas escuchan la palabra "*prosperidad*", generalmente piensan en dinero. Esta no es una idea incorrecta. Es sólo una idea incompleta.

La intención de Dios no es sólo prosperarte económicamente. La verdadera prosperidad busca también mejora tus relaciones, tu carrera, tu salud, tu vida familiar, tus emociones y el amor por la vida, entre otros. Cuando Dios dice *"todo"* es literalmente *"todo"*. Todo en tu vida está diseñado divinamente para tener crecimiento y desarrollo constante y saludable.

Tal vez estés pensando: *"Si este es el deseo de Dios para nosotros, ¿por qué algunos de nosotros no prosperamos?"* La segunda parte del versículo nos da la respuesta. El texto continúa diciendo *"Y que tengas salud, así como prospera tu alma"*. La salud es el combustible que nos mueve del estado actual al estado deseado. El nivel de salud está asociado al impulso de crecer y mantener las dimensiones de nuestra vida en desarrollo. Estoy usando intencionalmente la palabra *"mantener"* porque el éxito en cualquier área no es evento único, si no una vida en constante desarrollo. Te pregunto: *¿Tiene sentido llegar a la cima de tu éxito personal enfermo, solo y agotado?*

Este versículo termina vinculando la salud al progreso de nuestra alma. Este progreso interno es lo que determina la calidad de los resultados externos en todas las áreas de nuestra vida. Por eso, dice: *"... así como"*, es decir, *"depende de"*, *"en la forma en que"*, *"sujeto a cómo"*, nuestra alma también prospere. El término *"alma"* (del griego *psyche*) en la Biblia simplemente significa tus pensamientos, emociones y voluntad. Todos tus resultados externos están estrecha y directamente relacionados con tus pensamientos, el manejo de tus emociones y la dirección de tu voluntad y acciones. De hecho, la plena comprensión de este versículo la lograrás cuando lo leas del final hasta el principio. Al hacerlo, verás que ahora dice:

"Si tu alma prospera, en tu vida habrá salud; Y si estás saludable, todo en tu vida podrá prosperar".

¡Wow! Con razón este es mi versículo favorito. Entonces, esta es la conclusión que deseo que te lleves: *Cualquier resultado externo es simplemente una manifestación de lo que sucedió internamente primero.* No podrás obtener nuevos resultados con una operación interna antigua. Por este motivo, es que debemos actualizar frecuentemente nuestro *"sistema operativo"*, es decir, renovar nuestra mente.

¡Switch!

1. En una escala del 1 al 10, ¿qué tan satisfecho estás con los resultados de tu vida?

2. ¿Qué áreas de tu vida consideras fuertes y en qué áreas necesitas fortalecerte?

NACISTE PARA SOBREABUNDAR Y NO PARA SOBREVIVIR

Estaba acostado en la cama y sentía pesadez en mi cuerpo. Toqué mi frente y estaba caliente. Aun así, me levanté de la cama para comenzar el día. Unos minutos después tenía goteo nasal, el dolor aumentaba y sólo quería volverme acostar en la cama. Me di una ducha, comí algo y traté de recuperar el ánimo mas no pude. Los síntomas de la gripe habían tomado posesión de mi cuerpo. Si te dijera que fui al médico enseguida te estaría mintiendo. Realmente, fui a la farmacia y compré el medicamento que tenía todas las palabras *"mágicas"* asociadas en la etiqueta: *ultra, mega, máximo y súper fuerte.*

Sin pensarlo, lo compré y comencé a consumirlo. Lo que deseaba era sentir alivio inmediato. Al día siguiente, la intensidad de los síntomas había disminuido bastante y ya no tenía fiebre. Dije dentro de mí con mucha alegría: *"¡Muy bien! Ya me siento mejor. Me voy a trabajar"*. Me di una buena ducha, me cambié de ropa y salí de prisa de mi casa. Necesitaba recuperar el tiempo perdido del día anterior. En la tarde de ese día, sentí que los síntomas estaban regresando y hasta más fuertes que antes. ¡Corrí a tomar mi medicina y ahora le añadí vitaminas! A duras penas complete el día y regrese a casa. La historia se repitió al día siguiente, y varios días posterior. Pasé toda una semana entrando y saliendo de los síntomas y, al final, el cuerpo no lo pudo tolerar más y acabé en el hospital recibiendo un tratamiento intensivo. Actualmente, entiendo que fueron una serie de malas decisiones.

Sé que esto sólo me pasa a mí (*¡Sí, por supuesto!*). Yo sé que todos los hombres corren al médico cuando sienten el primer síntoma. La verdad es que estoy contando esta historia personal para ilustrar cómo a veces nos *"auto-engañamos"* cuando decidimos conformamos con "*no sentir los síntomas*". A veces estamos en medio de una situación difícil y decimos: *"Con que esto mejore un poco es suficiente"*. Esta es una mentalidad limitada. Obviamente es bueno sentir menos dolor, pero el gran objetivo no es sufrir un poco menos. La meta es encontrar una solución. El fin es estar bien.

Es peligroso pensar que sentirse mejor es igual a estar sano. Jamás lo será. Sentirse "*mejor*" es simplemente estar menos enfermo, pero no significa que hayas alcanzado el estado ideal de salud. Si interrumpimos el proceso de transición de estar "*enfermos*" a tornarnos "*saludables*", corremos el riesgo de quedarnos atrapados en el ciclo vicioso de "*enfermo, me siento mejor, enfermo*". Es como estar en una carrera que no tiene fin. A este peligroso patrón vicioso lo llamo el *ciclo de supervivencia*. La gran realidad es que no fuimos diseñados para vivir atrapados en este ciclo dañino.

Esta es una analogía puede también aplicarse a otras áreas de nuestras vidas, ya sea negocio, matrimonios, finanzas, salud emocional o vida cristiana. Podemos caer (*o ya estar dentro*) en este dañino ciclo sin darnos cuenta. Espero que no sea así. La idea es que no aceptes, ni te acostumbres a la supervivencia. No fuiste diseñado para vivir entrando y saliendo de los síntomas. No naciste para vivir en crisis. No estoy garantizando que la "*gripe*" no pueda llegar a tu vida. Lo que estoy diciendo es que si llegara, sepas que tu salud está en Dios. Él es el "*antídoto*" perfecto para cualquier área "*engripada*" en tu vida. Recuerda que nuestra salud está vinculada al nivel de prosperidad en nuestras vidas. Jesús declaró en Juan 10:10 el remedio infalible para esta *"gripe religiosa"*. Este verso dice:

"El ladrón no viene sino para hurtar y matar y destruir; yo he venido para que tengan vida, y para que la tengan en abundancia"

El plan del maligno es "*matar, robar y destruir*". Es una propuesta totalmente destructiva y que nos esclaviza a la sobrevivencia. Sin embargo, el Maestro de los Maestros también decretó que la puerta que Él nos dejó abierta es para vivir y vivir en abundancia. Las palabras de Jesús son diametralmente opuestas a la agenda que tiene el mal. La vida abundante está disponible a través de la Gracia y la Misericordia. Su vida representa para nosotros revivir lo que está muerto, la retribución de lo que nos robaron y la restauración de lo destruido. Lo mejor es que cuando Él revive, retribuye y restaura lo hace en grande.

Ahora, note que Jesús dice, *"...para que tengan vida".* La palabra original para *"tener"* utilizada aquí es *"echo"*, que significa *"sostener o llevar con las manos".* También significa *"mantener algo almacenado o protegido".* Ambas traducciones implican que existe la vida abundante pero que está encerrada, protegida y latente. *¿Cómo así?* Déjame explicarte. Hablar de la luz tiene sentido si hay oscuridad. Hablar de salvación tiene sentido, si hay alguien perdido. Entonces hablar de vida abundante tiene sentido si hay supervivencia.

Dios no necesita una vida abundante. Él es la vida y la abundancia. La vida abundante es para nosotros. Él la está sosteniendo en Sus manos para quienes decidan recibirla. Es una decisión de intercambio. Tienes que entregar la *"mente de sobrevivencia"* para recibir la vida abundante que Él pagó con Su propia vida. Por eso Él la guarda en Sus manos por el alto e insuperable precio que fue entregado. Oro a Dios para que en este momento recibas la revelación de que no fuiste diseñado para sobrevivir, sino para sobreabundar.

Quiero animarte a que elijas una vida abundante y renuncies a creer que eres un sobreviviente. Esta es una idea que la sociedad, el enemigo y la religión nos han metido en la cabeza. Dios no nos ve así.

Es hora de comenzar a "*instalar*" nuevos datos que renovarán tu sistema operativo mental. ¡Buenas noticias! Dios te llama "*cabeza, más que vencedor, próspero, redimido, libre, cambiador del mundo, nación santa, heredero, real sacerdocio, propiedad suya, hechura, amado*" y la lista continúa. Hay muchas características que el Eterno reservó para nosotros. Si estamos hechos a Su imagen y semejanza, no podemos ser diferentes de Él. Nuestro diseño tiene características similares a Su naturaleza. Ahora mismo, te pido que internalices esta nueva imagen. Que te puedas ver como el Eterno te ve. Que esta realidad transformadora quede dentro de tu sistema operativo ¡AHORA! ¡Felicitaciones! ¡Acabas de reinicializar tu sistema operativo camino hacia tu transformación!

¡Switch!

1. ¿Cuáles son los síntomas de tu "gripe mental" que debes eliminar?

2. ¿Cuáles resultados conseguirías si tu vida estuviese saludable ahora?

IGNORA TUS LIMITACIONES: LA LECCIÓN DEL ABEJORRO

En la década de 1930, el matemático francés August Magnan y su asistente André Sainte-Lague, realizaron un interesante análisis matemático. Su investigación buscaba comprobar que el amistoso *Bombus Terrestris*, mejor conocido como el *abejorro* (*bumblebee* en inglés) no posee la capacidad aerodinámica para volar.

Según sus cálculos matemáticos, el cuerpo del abejorro es muy pesado y sus alas no guardan proporción con el tamaño del cuerpo. Adicional, la velocidad del batir de las alas no es suficiente para sostener en vuelo el peso de este insecto. Sin embargo, el abejorro si puede volar. Entonces, si este cálculo es preciso, *¿Cómo es que este insecto consigue volar?* La respuesta es muy sencilla: *el abejorro no sabe que no puede volar. Por eso ignora las limitaciones y sigue volando.*

Te vas a sorprender a donde puedes llegar cuando renuncias a tus limitaciones. Con excepción de una palabra de Dios, las únicas limitaciones que tiene una persona son las auto-impuestas. La Biblia dice en Marcos 9:23 que Jesús declara: *"Todo es posible para el que cree".* La imposibilidad está en nuestra cabeza. Del abejorro podemos aprender mucho. La verdad es que todos nosotros somos como los *"abejorros"*, ya que gastamos mucho tiempo *"flotando"* entre las *"flores"* e intentando extraer el *"néctar"* de la vid. Tarde o temprano llegará a tu vida alguien que te dirá que no deberías estar volando. Probablemente es otro *"abejorro"* herido y frustrado. No podemos controlar las voces contrarias que aparecen en nuestras vidas más si podemos decidir si les creemos o no.

Puede que estés pensando: *"¿Realmente funcionarán estos principios y técnicas?"* Respeto tu inteligencia y no voy a manipularte para que pienses que esto es mágico. Sabemos que no lo es. Ahora un desafío si te hago. Atrévete a leer este libro hasta el final y comprueba con tus propios resultados la validez de los principios. Puedo hablarte de ellos y darte cientos de ejemplos. Más nada será más poderoso que practicarlos y ver cómo cambian tu vida. Al igual que yo, posiblemente has comprado otros productos y has participado de seminarios que tenían como promesa llevar tu vida al famoso *"siguiente nivel"*. Terminamos muy motivados e incluso hicimos algunos cambios. Sin embargo, a los pocos días regresábamos de nuevo donde comenzamos!

Esto ocurre porque simplemente sólo nos motivaron externamente. La motivación está basada en las emociones que supieron activar. Muchos entrenadores te enseñan a cómo crear la *"imagen del estado deseado"*. A esto le llamamos mostrar el *"qué"*. No siempre nos muestran el *"cómo"* podemos alcanzar esa imagen. La clave está en poder hacer cambios permanentes y duraderos de adentro hacia afuera.

Al final del día, todo tiene que ver con el *"cómo"* podemos producir grandes resultados en nuestras vidas. Cualquier gran resultado externo es sólo una manifestación de tu grandeza interna. Las verdades eternas nos liberan y nos preparan para llegar a nuestro destino. Cualquier cambio requerirá un compromiso de tu parte. Créeme ¡al final valdrá la pena cada minuto de tu inversión!

¿Y Quién Te Dijo Que No Puedes Volar?

¡Switch!

1. ¿Qué mentiras de los "*abejorros frustrados*" de la vida acabaste creyendo?

2. ¿Te imaginas lo alto que llegarás en tu vida cuando comiences a mover tus alas?

ACTUALIZA TU SISTEMA OPERATIVO CONSTANTEMENTE

Posiblemente has escuchado la frase: *"La única forma de ver cosas nuevas es haciendo cosas nuevas"*. Pienso que es cierto pero realmente estás escuchando sólo la mitad del principio. *¿Por qué digo esto?* Porque esta declaración también debe incluir la esencia que produce todos los nuevos pensamientos, emociones y acciones: SER. La frase debería concluir así: *"...y para hacer cosas nuevas, tenemos que SER nuevas personas"*.

La contradicción de muchos es que quieren *tener* resultados prósperos, pero no quieren *ser* prósperos. La verdad es que lo que tenemos es el reflejo de quienes somos. Antes de que llegues a tus conclusiones, permíteme explicártelo mejor.

Recuerdo algunos años atrás, fui a una tienda especializada en programas de computadoras buscando un producto para diseño gráfico. Después de ver varias opciones, elegí mi producto y regresé rápido a mi casa. Al llegar, comencé inmediatamente a hacer la instalación del programa en mi computadora. Estaba ansioso por ver todas las nuevas funciones de aquella versión del programa.

Todo iba muy bien hasta que apareció una advertencia extraña en la pantalla de mi monitor. El cuadro contenía un mensaje que decía: *"La versión del programa que desea instalar no es compatible con su sistema operativo"*. Confieso que me frustré mucho. En el desespero de encontrar una solución, observe que en el costado de la caja del producto decía algo importante que no leí antes de comprarlo: *Requisitos mínimos del sistema*. Al leerlo entendí en poco segundos que mi sistema no tenía la capacidad mínima para operar ese nuevo programa. Simplemente estaba tratando de ejecutar un programa moderno y actualizado usando un sistema operativo obsoleto y desactualizado.

En momentos así, sólo tenemos dos opciones. Puedes seguir usando los programas que ya tienes instalados dentro de la limitada capacidad de tu sistema. Si no, puedes actualizar tu sistema operativo y elevar la capacidad de tu computadora. ¡Para mí, la segunda opción es la mejor! Desafortunadamente, no muchas personas eligen esta opción. Actualizar el sistema requiere esfuerzo, tiene un costo, para algunos puede ser incomodo y otros no saben cómo hacerlo. El proceso de renovación de la mente es esencialmente igual. Funciona de la misma manera. La Biblia dice que Dios no puede poner vino nuevo en odres viejos (Marcos 2:22). Él no puede darnos una revelación para "*hoy*" mientras seguimos usando formas y patrones de pensamiento de "*ayer*". Pablo nos dice en Romanos 12:2, que debemos ser transformados. *¿De qué manera?* Cambiando nuestros pensamientos. Este verso dice:

"No os conforméis a este siglo, sino transformaos por medio de la renovación de vuestro entendimiento, para que comprobéis cuál sea la buena voluntad de Dios, agradable y perfecta"
(Romanos 12:2)

Pablo dice que necesitamos tener un nuevo "*sistema operativo*" actualizado y compatible con nuestro destino. Recuerde esto: *"Dios primero te prepara a ti para luego entregarte lo que tiene para ti"*. El asignado siempre viene primero que la asignación. La palabra "*conformación*" se define como "*la acción de dar forma a un objeto mediante la aplicación de una fuerza externa*". También significa "*seguir un patrón predefinido*".

Conformar es la acción del alfarero sobre la arcilla. Es el proceso del carpintero dándole forma a la madera. Es lo que Dios hace también con nosotros: *moldearnos*. El escritor nos anima a no dejar que las cosas del mundo nos terminen dando forma. No podemos adoptar la "*forma*" de nuestras crisis. Realmente tenemos el poder en Dios de darle forma a las cosas. Esto es lo que significa transformación (del griego "*metamorphos*").

Transformación es el proceso de sufrir un cambio completo bajo el poder de Dios. Es revelar un nuevo carácter y comportamiento. El prefijo *"meta"* significa *"después de"*, *"fuera de"* o *"más allá"*. *"Morpho"* significa *"tomar la forma del contenido o esencia interior"*. En otras palabras, es un proceso de revelar una nueva forma de ser que inicia de adentro hacia afuera. Esta es la decisión que iniciará el proceso de tu libertad personal.

Algo importante que debes comprender es que renovar nuestros pensamientos no es sinónimo de transformación. La renovación de nuestra mente es el camino hacia la transformación. Fíjate que dice *"... a través"*, implicando que esta decisión facilita, permite, conduce o guía a la persona hacia la transformación.

En este contexto, renovar no significa cambiar. El término griego original que Pablo usa en este versículo es la palabra *"anakainosis"*. (También se usa en Tito 3:5). Esta palabra se define como *"la acción de colocar algo nuevo que no tenía una existencia previa"*. También significa *"cambio completo para una mejor versión"*. Literalmente una reforma total de sistema. Es hacer una actualización sobrenatural en nuestro sistema operativo instalando una mejor versión que no existía anteriormente. ¡Esto es poderoso!

La conclusión es que nadie puede vivir por encima de su propio nivel de revelación. Para que Dios te pueda revelar tu propósito, primero debes actualizar tu sistema operativo. De esta forma podrás operar dentro de tu asignación en la tierra y ser un edificador dentro del Reino de Dios. Volviendo al ejemplo del principio, el problema no estaba en el programa que había comprado si no en el sistema desactualizado que tenía. No tenemos nuevas revelaciones porque no tenemos el *"sistema operativo"* que las soporte. Dios está deseoso de instalarnos nuevos *"programas"*, pero está esperando primero nuestra actualización. Recuerdo que hace más de 25 años, en mi casa había una computadora con el sistema Windows 3.0. Desde entonces, la compañía Microsoft ha actualizado su producto más de 25 veces. De igual forma, es nuestro deber continuar actualizando nuestro sistema operativo mental diariamente. *¿Cuándo fue la última vez que actualizaste tu mente?*

¡Switch!

1. Del 0 al 100, cómo te sientes de ver constantemente los mismos resultados en tu vida?

2. Pregúntales a cinco personas que te conozcan bien lo siguiente: ¿Cuán fácil ellos creen que tú te adaptas a los cambios?

PRINCIPIO 8
LA LIBERTAD NO SIGNIFICA TRANSFORMACIÓN

La Biblia registra la historia cuando el pueblo de Israel fue liberado de la esclavitud de Egipto. Al menos 2 millones de personas (sin contar mujeres y niños) salieron a la aventura de cruzar un desierto camino hacia la Tierra Prometida. Moisés, el gran libertador, dirigió el viaje hacia Canaán. Los geógrafos bíblicos dicen que este camino, muy conocido por los comerciantes y pastores de aquel entonces, debería tomar un promedio de 11 días de caminata.

Sabemos que sucedió algo totalmente diferente. No entraré en los detalles de la historia que se encuentra en el libro de Éxodo, más sí me gustaría explicar por qué esto sucedió. Dios tenía todo un plan en acción. Primero necesitaba renovar el corazón de Su pueblo antes de que entrara "*a la tierra que fluye leche y miel*" (Éxodo 3:17). El pueblo de Israel ya era libre de la esclavitud. El problema era que aún no habían pasado por la transformación. Ellos todavía llevaban el "*Sistema Operativo Egipto 1.0*" dentro de sus corazones. Eran libres externamente pero esclavos internamente.

No era tan fácil "*desinstalar*" esto después de 400 años viviendo dentro de un sistema de opresión. Si Dios no hubiese interferido con ellos en el desierto, ciertamente hubiesen desarrollado en Canaán, una sucursal o extensión de Egipto. Era transferir un pasado con limitaciones a un presente de libertad. *¿Qué evidencia tengo para decirte esto?* Qué bueno que me lo preguntas.

Cuando miramos el capítulo 11 del libro de Números, encontramos una excelente evidencia de este fenómeno. Comenzando en el versículo 5, el pueblo de Israel dijo: "*Nos acordamos del pescado que en Egipto comíamos gratis; y de los pepinos, y de los melones, y de los puerros, y de las cebollas, y de los ajos, pero ahora nuestra alma está seca; no hay nada más que este maná ante nuestros ojos*". *(Éxodo 11:5-6)*

¡Qué interesante contradicción! ¿verdad? Una vez más vemos que la raíz del problema está en la mentalidad. Observa cómo comenzaron las quejas del pueblo de Israel: "*Nos acordamos...*". Ellos activaron su memoria provocando pasar de nuevo la película dolorosa de su pasado. Sus cuerpos estaban libres camino a su promesa pero sus mentes estaban caminando de regreso a Egipto. El efecto era ver *"sus almas muriendo"*. El efecto emocional es inmediato, ya que cada pensamiento está conectado a un estado emocional específico. Su declaración pareciera decirnos que prefieren ser esclavos bien alimentados a ser libres dependiendo de la provisión de Dios. Su realidad interna era más fuerte que la externa.

La verdadera libertad la concede Dios. Esta libertad se logra a través de la confesión de nuestra boca y la fe en nuestro corazón en la persona de Jesús. (Lucas 4:18, Romanos 10:9, Gálatas 5:1). Tu transformación dependerá de tus decisiones diarias. Por eso es un proceso constante. Memorice esto: *"Dios me da libertad, pero yo tengo que escoger transformarme"*.

Piensa por un momento: *"¿Acaso no hay personas en la iglesia que han confesado a Jesús como su salvador personal pero aún siguen esclavizadas a vicios del pasado?"* No estoy queriendo condenar a nadie. Sólo estoy explicando que entregar nuestras vidas a Dios es el paso más importante que inicia mi verdadera transformación. Al mismo tiempo, no es el único paso. El mismo Jesús se llamó a sí mismo *"la puerta"*. A través de Su sacrificio en la cruz podemos entrar a una nueva dimensión.

Nuestra decisión por Jesús no nos saca de este mundo. Si fuera así no tendría sentido hablar de fe, santidad, frutos, discernimiento o dominio propio. Todos son elementos espirituales que están disponibles para ayudarnos a tener éxito en nuestra vida diaria. Tenemos que dejar de tener una *"visión escapista*" de la vida. Esta es una creencia limitante. Muchas personas andan pensando constantemente en "*irse al cielo*", "*la vida después de la muerte*", en las "*mansiones celestiales*" y en el "*mar de cristal*". ¡Amén! ¡Fantástico! Es grandioso saber que tenemos esas promesas. Sin embargo, y esta es mi opinión, es ofensivo para Dios vivir sólo deseando este gozo eterno y viviendo en constante angustia en el "*aquí y ahora*". Entonces, ¿Cuándo esperas gobernar? ¿En el cielo? Allá sólo existe un Rey: *Cristo Jesús*. Por eso, Él es "*Rey de Reyes*". Tú eres un rey o una reina aquí en la tierra enviado a establecer el *Gobierno del Cielo*. Es posible vivir anhelando la esperanza de redención mientras disfruta tus días aquí en la Tierra.

Me sorprende cómo a veces podemos estar declarando la existencia de un Dios Todopoderoso y al mismo tiempo vivir como si Él no existiera. A esto le llamo "*esquizofrenia religiosa*". Es vivir en dos realidades al mismo tiempo. Es obvio que vivir en este estado sólo traerá a tu vida limitación, cansancio, ansiedad y frustración. En Mateo 12:25, Jesús viendo el pensamiento de los fariseos les dijo: "*Todo reino dividido contra sí mismo, es asolado*" ¡Qué gran verdad! Luego termina diciéndoles: "*y toda ciudad o casa dividida contra sí misma, no permanecerá*". De la misma manera, podemos decir que "*dos reinos de pensamientos*" o "*dos sistemas operativos*" trabajando simultáneamente no permitirá que prosperemos.

La renovación de la mente no es un fin, sino un medio. La transformación es lo que nos da acceso a la revelación de un

Propósito Eterno. O sea, sin renovación no hay revelación. Finalmente, el apóstol Pablo nos termina diciendo en Romanos 12:2 que el objetivo de *"actualizar"* nuestro *"sistema operativo"* es *"comprobar cuál es la buena, agradable y perfecta voluntad de Dios"*. Si no ponemos los nuevos archivos en nuestra mente, no entenderemos quiénes somos en Él y qué quiere hacer a través de nosotros. No actualizar nuestros pensamientos es garantizar la extensión de nuestro doloroso pasado frente a la oportunidad de crear un futuro extraordinario. Dios nos dio Su libertad y ahora debes tú elegir la transformación.

¡Switch!

1. ¿Cuánto tiempo pasas cada día tratando de olvidarte de asuntos de tu pasado?

2. ¿Cuánto te está costando seguir viviendo mentalmente en tu *"Egipto"*?

PRINCIPIO 9
TU FORMA DE PENSAR ES CONTAGIOSA

Cambiar nuestra forma de pensar también amplia nuestro rango de influencia. Pensar diferente al contexto y no dejar que las *"costumbres de este siglo"* nos moldeen (Romanos 12:2) nos da una ventaja competitiva que debemos saber aprovechar. Algunos usan esta ventaja para manipular. Nosotros que tenemos una mentalidad de Reino la usamos para ayudar a otros a crecer.

Siguiendo el patrón de Isaías 54:2, debemos *"Agrandar el lugar de la tienda"* (carpa, cobertura, caseta) antes y luego es que movemos las paredes de la tienda. A menudo leemos este versículo demasiado rápido. Primero debe haber la expansión del espacio antes de mover la estructura. *¿Cómo quieres mover tu* *"carpa" si no haces el espacio primero?* En mi opinión, la influencia verdadera, aquella que es sin manipulación, proviene del favor de Dios y de las acciones estratégicas que tomamos de acuerdo con Su propósito en nosotros. La influencia no es algo que se crea a la fuerza. Es algo que se gana. Llega por el reconocimiento que otros te dan por haberse beneficiado de tu don y habilidades. Por tanto, la verdadera influencia no es simplemente poder, sino autoridad.

La palabra autoridad viene del latín *"auguere"* que significa *"aumentar, hacer crecer"*. Tu nivel de autoridad debe provocar crecimiento a tu alrededor. Las cosas y las personas deben quedar mejor después de ser impactadas por tu influencia. Se conquista el poder, pero se recibe la autoridad por el reconocimiento. Es por esto que cuando Dios se propone usarnos, comienza renovando nuestras referencias internas.

Veamos un ejemplo que comienza en Números 12:16. El cuadro era de confusión. Los líderes, Aarón y Miriam, estaban discutiendo entre ellos y actuaban en contra de Moisés. La atmósfera estaba tensa y Dios tuvo que intervenir para proteger a su escogido. Dice el versículo 16 del capítulo 12 de Números que *"después de esto dejaron Hazerot y acamparon en el desierto de Parán"*.

Los eruditos dicen que Hazerot era una región que se encontraba al norte del Monte Sinaí. Curiosamente la palabra Hazerot significa *"patio, plaza o lugar cerrado"* y Sinaí significa *"espinoso"*. Según el Diccionario Bíblico Easton, un *"hazerote"* era un área demarcada con muros de baja altura hechos de piedras. Los habitantes colocaban ramas espinosas de Acacia sobre los muros para proteger el perímetro. Los muros siempre tienen dos funciones. Primero, no dejan entrar nada del exterior y segundo, tampoco deja salir nada de lo que está adentro.

Lo mismo sucede en nuestras mentes cuando levantamos nuestros *"muros mentales"*. Estas grandes *"paredes"* construidas de altivez y argumentos no permiten que el Poder de la Palabra de Dios entre en nuestras vidas. Este bloqueo imposibilita que nuestros corazones se abran a la realidad transformadora de Cristo. En otras palabras: *no entra, ni sale nada de nosotros*. Lo más triste es que al final, terminamos siendo prisioneros de nosotros mismos.

Dice Pablo en 2 Corintios 10:4-5 lo siguiente:

"Porque las armas de nuestra milicia no son carnales, sino poderosas en Dios para la destrucción de fortalezas, derribando argumentos y toda altivez que se levanta contra el conocimiento de Dios, y llevando cautivo todo pensamiento a la obediencia a Cristo"

Estos son los *"hazerotes"* que creamos para defendernos, auto-justificarnos, manipular u ocultar nuestras faltas. Son *"paredes"* de razonamiento que nacen de la naturaleza carnal y nos desconectan de la vida plena de Dios. La buena noticia es que tenemos el poder de llevar prisioneros a estos pensamientos. ¡Ahora, viene lo más extraordinario! *¿Listo?*

Los argumentos no son para que los reprendas. Tú tienes el poder de atraparlos y hacerlos prisioneros en obediencia a los pies de Cristo. Por eso cuando los *"regañas"*, poco tiempo después vuelven y son aún más fuertes que antes. Estos *"muros"* se construyen usando información distorsionada, creencias falsas, falta de identidad bíblica, miedos, inseguridades, liderazgo débil y falta de responsabilidad propia, entre otros. *¿No fue esta la estrategia del enemigo en el Edén?* Nada ha cambiado. Dios tuvo que derribar los "*muros mentales*" del pueblo de Israel en el proceso del desierto antes de que intentaran entrar en la Tierra Prometida.

Como nuestro Dios es uno expansivo y que desea lo mejor para nosotros, dio la orden al pueblo de moverse del *"cuadrado espinoso"* (Hazerot) a la región de Parán. Esta palabra en hebreo significa *"belleza, lugar de encuentro, ornamento, limpio"*. ¡Mira la diferencia! ¡No podemos entender los propósitos eternos de Dios viviendo encerrados entre nuestras *"espinas"*! Tus crisis no pueden ser más sonoras que la voz del Padre. Permite que el poder del Eterno derrumbe todos los muros que te aprisionan. Él quiere llevarte a un nuevo, hermoso y espacioso lugar que ha preparado especialmente para ti. Dios sólo puede pensar en tu bienestar.

Fue en el desierto de Parán que Moisés comenzó a preparar su plan maestro para entrar a su nuevo territorio. Los doce espías elegidos eran líderes de influencia, príncipes en sus respectivas tribus y personas muy educadas. Fue una selección puramente estratégica. No podía enviar a cualquiera a tan importante viaje. La misión era muy simple: *hacer un viaje exploratorio de cuarenta días y 800 km por la tierra que Dios les entregaría.* La distancia de este *"viajecito"* equivale a una caminata desde mi ciudad, Orlando, Florida hasta la capital en Washington, DC ¡Sólo eso! Fácil, *¿verdad?*

El equipo de ensueño de Moisés partió hacia su misión con las siete preguntas que su líder les dejó: *cómo es la tierra, quiénes y cuántos viven allí, cómo es la geografía, el tipo de ciudad, la calidad de la tierra y muestras de sus frutos.* Debemos enfatizar que en esa región vivían Anac y sus hijos. Eran un pueblo de gran estatura y parientes de Goliat, el gigante que David derrotó. Después de una ardua jornada, los exploradores regresaron a dar informes a su líder. De los doce príncipes, diez vieron lo mismo y sólo dos vieron algo diferente. El grupo de 10 fue vencido por el miedo, los sentimientos de derrota y las creencias limitantes más grandes que puedas imaginar.

Sus palabras no podían ser más pesadas y trágicas. El informe comenzó diciendo que era verdad que de la tierra fluía *"leche y miel"* e incluso hasta trajeron una muestra de las uvas gigantes sobre sus lomos. Hasta ahora eran todas buenas noticias. De repente, la dirección del informe cambió. A mitad del reporte positivo introdujeron una corta y peligrosa palabra: *pero.* Los diez espías amedrentados por sus creencias limitantes dijeron: *"... pero la tierra se traga a sus habitantes, son gigantes, son guerreros..."* - y ahora viene lo peor- *"y éramos nosotros, a nuestro parecer, como langostas; y así les parecíamos a ellos".*

Si es doloroso describirnos miserablemente, es aún más serio decir que pudimos *"leer la mente"* de los otros. ¡Espera un momento! La idea de ser un espía es no dejarse ver *¿cierto?* Entonces, *¿Cómo sabían lo que los gigantes pensaban acerca de ellos?* La Biblia no registra ningún momento donde ellos conversaron con ellos. No tiene ningún sentido. Los gigantes ya no estaban frente a ellos. Ahora estaban dentro de ellos. Se trajeron en sus mentes a los gigantes que habitaban allí. Fueron enviados como príncipes y regresaron como esclavos derrotados. Simplemente eran sus miedos y limitaciones lo que hablaba. La voz del miedo era más fuerte que la voz de la Promesa de Dios.

La historia fue diferente con Caleb y Josué. Ellos fueron los únicos que vieron algo diferente por tener una mentalidad diferente. Sus convicciones en la promesa de Dios eran mucho más fuertes que la voz del miedo. Caleb hizo callar al pueblo que lloraba ante Moisés. El espíritu de su propuesta era diferente. Con voz firme, nuestros héroes estaban invitando al pueblo a la conquista diciéndoles que *"...seguramente prevaleceremos contra ellos"* exactamente como Dios lo había prometido.

Lamentablemente, ya era muy tarde. El pueblo ya había sido contagiado por el *"virus"* de los pensamientos negativos. Todos lloraban desconsoladamente. Se había activado una crisis colectiva basada en la información tóxica que el grupo de los diez compartió. La información tóxica siempre genera pensamientos limitantes y perspectivas distorsionadas. Lo más triste es que lo que estaban contando que les pasaría realmente no estaba sucediendo.

Sin embargo, cuando creemos en alguna información y la integramos a nuestras creencias, se convierte automáticamente en nuestra realidad. El Dr. William Glasser en su libro *"La Teoría de la Elección"* (Del inglés *Choice Theory*) dice que: *"Todo lo que damos y recibimos es información. Nuestra forma de interpretarla es nuestra decisión"*. Yo enseño en mis conferencias que *"no te cambia lo que escuchas. Te cambia lo que creas de lo que escuchaste"*.

Fue tan destructivo el contagio de ese *"virus mental"* que el pueblo comenzó a decir que era mejor morir en el desierto a ser derrotados por los gigantes. Incluso, los únicos dos que estaban dando buenas noticias recibieron amenazas de muerte. La negatividad era mucho mayor que la esperanza (Números 14:10). Dios honró la valentía, fe y audacia de Caleb y Josué. Por esta razón, Dios no permitió al resto del pueblo entrar a la Tierra Prometida.

Nuestra mentalidad es contagiosa. Podemos transferir nuestra forma de pensar a través de nuestras palabras y acciones. Este principio nos exige vigilar con alta responsabilidad lo que decimos y los efectos de nuestras acciones. Recuerde que las palabras se convierten en imágenes cuando llegan a nuestra mente. Voluntaria o involuntariamente, podemos terminar poniendo imágenes limitantes en las personas que están bajo nuestro círculo de influencia. No ignoremos el poder de nuestras palabras y acciones. A veces pensamos que las personas reaccionan de cierta forma porque son *"inmaduras o no nos entienden"*. La mayoría de las veces no es así.

La mayor lección de este principio me la dio mi profesor de matemática en la universidad. Llegó un día con los exámenes nuestros en sus manos y tomando un aire nos dice: "*Todos reprobaron el examen*". Imagínate el ambiente que se creó. Acto seguido nos dice: "*... pero no lo voy a contar. El que reprobó fui yo porque no supe enseñarles. Su aprendizaje es mi responsabilidad*" Que nivel de madurez. Siempre recuerda que tu influencia es para hacer crecer y no limitar.

¡Switch!

1. ¿En quién necesitas convertirte para poseer la tierra que Dios te ha dado?

2. ¿Qué tipo de pensamientos contagias con mayor frecuencia: los positivos o negativos?

PRINCIPIO 10
EL PODER DEL PENSAMIENTO CORRECTO

Si te dijera que la frase: *"La práctica produce perfección"* es incorrecta ¿te sorprenderías? Me imagino que sí. Bueno, pues sorpréndete. Si esta frase fuese correcta, también significaría que si practicas algo mal, entonces perfectamente mal te quedará. Es la perfecta práctica la que produce la perfección. *¿Te hace sentido ahora?* Lo mismo ocurre con el pensamiento positivo. A veces, he percibido que el uso del pensamiento positivo pareciera ser una excusa para justificar disfunciones, pereza o la falta de un plan.

Aprovecho para aclarar que no tengo nada en contra de tener una actitud optimista. Soy fanático de lo positivo. Creo fielmente que tenemos que pensar de esta forma aun en los

87

momentos difíciles. Lo negativo siempre va en contra de la vida, el progreso aparte de lo desgastante que es en todas las áreas del ser humano. Lo que intento resaltar aquí es que el pensamiento positivo es un buen punto de inicio para tus logros. Sin embargo, por sí sólo no generará los resultados que deseas lograr. La verdad es que puedes pasar toda tu vida positivamente equivocado.

Imagínate por un momento a una persona diciendo lo siguiente: *"Voy a tener éxito. Yo voy a mí. Entraré al banco con mi pistola, lograré llevarme todo el dinero y no seré atrapado por la policía. ¡Soy el mejor ladrón que existe!"* Tiene buena actitud más un fin errado. Tampoco es algo *"mágico"* como se suele presentar. Tipo *"lo pienso y ocurre"*. Ya he estado en lugares donde la gente pierde la voz gritando al *"norte, sur..."* *"llamando las cosas a existencia"* y no pasa nada. ¿Son personas malas o faltas de fe? Claro que no. De hecho, yo creo en el principio de declarar y transferir lo invisible a lo visible. La Biblia lo habla en Mateo 16:19 claramente. Es que es más que todo esto.

La pregunta obligatoria que viene es: *"Entonces, ¿qué necesito realmente para cambiar mi actitud hacia la vida?* Los pensamientos correctos son la respuesta. Pensar correctamente es la clave para una vida mejor y más saludable. El cambio de vida hacia un nivel más alto no sólo ocurre como producto de una actitud optimista. Tampoco surge por sólo pensar positivamente. Lo central es pensar correctamente. Pensar correctamente es intencionado y estratégico.

Pensar correctamente es un nivel por encima del pensamiento positivo. El pensamiento correcto se produce cuando añadimos principios de vida a nuestro *"sistema operativo"*. El pensamiento positivo te hace sentir bien. El pensamiento correcto te hace sentir grandioso. Esta es la diferencia. La verdad es que el pensamiento positivo es la base para llegar a un nivel correcto de pensamiento. No son contrarios.

En otras palabras, el pensamiento correcto se basa en la buena actitud. El pesimista verá el vaso medio vacío. El pensador positivo verá el vaso medio lleno. El pensador correcto se considera a sí mismo el *"vaso"*. La razón es que el pensador correcto inicia todo con una buena actitud. Se mueve de forma proactiva, su mirada está en los objetivos, sabe jugar bien en equipo, confía, tiene fe y opera con excelencia.

La Palabra nos enseña en Filipenses 4:8 lo siguiente: *"Por lo demás, hermanos, todo lo que es verdadero, todo lo honesto, todo lo justo, todo lo puro, todo lo amable, todo lo que es de buen nombre; si hay virtud alguna, si algo digno de alabanza, en esto pensad"*. La Biblia nos motiva a que debemos enfocarnos en lo positivo, especialmente en los aspectos que traen bendición a nuestra vida. Al mismo tiempo, también se espera de nosotros que nuestra fe tenga obras, se vea en acción (Santiago 2:26).

El pensamiento correcto se basa en nuestros valores, creencias y el conocimiento probado y establecido que poseemos. Pensar correctamente es reflejo de tu identidad divina. Cuando las personas saben quiénes son en Dios, no existe limitación dentro de ellas. El pensador correcto tiene una justa perspectiva de su realidad presente más vive conectado a su estado deseado. Su mente logra fusionar el presente y el futuro dentro de una misma imagen. No lo confunda con la persona *"escapista"* que sólo quiere huir hacia el futuro (también llamado mentalidad futurista). Hablamos de una persona que conoce bien cómo usar su fe para crear un futuro extraordinario en Dios.

El pensador positivo puede decir *"estaré sano"*. El pensador correcto dice: *"Estoy sano porque Él vive en mí"*. El pensador positivo puede decir *"tengo la provisión de lo que necesito"*, mientras que el pensador correcto dice *"soy rico y próspero"* (y no sólo en el sentido financiero). El correcto sabe que Dios proporciona todo lo necesario, según Sus riquezas en gloria (Filipenses 4:19).

La gran diferencia está en que el positivo tiene la expectativa de conseguir unos resultados. El correcto tiene la convicción de quien es y por ende, el resultado llega como una consecuencia o fruto. Un hijo no tiene que conquistar su herencia. Es suya porque tiene un padre. La Biblia nos dice que somos *"coherederos"* junto con Cristo (Romanos 8:17). Por tanto la herencia del Padre no hay que conquistarla, sino que hay que recibirla por Gracia.

Los pensadores correctos saben honran el principio que encontramos en Hebreos 11:1 el cual dice: *"Es, pues, la fe la certeza de lo que se espera, la convicción de lo que no se ve"*. Si algo quiero que recuerdes de este capítulo es esto: *"La fe no es saber que Dios puede hacerlo; Es saber que Él lo hará".* Hasta el diablo sabe lo que Dios puede hacer. Por eso tiene miedo porque tiene sus días contados. Los pensadores correctos creen con certeza absoluta. Para llevar esta conversación a otro nivel, debes saber que los pensadores correctos saben cómo conectar la certeza y convicción con la estrategia.

"Los pensamientos del diligente ciertamente tienden a la
abundancia; Mas todo el que se apresura alocadamente,
de cierto va a la pobreza"
(Proverbios 21:5)

El pensador correcto tiene la habilidad divina de conectar su proceso cognitivo con el estado deseado. *¿Como?* Usando su mentalidad estratégica. Recuerda que los sueños sin planes son pesadillas. Soñar en grande, tener una gran visión es algo muy emotivo. Al mismo tiempo, ya vi muchos buenos proyectos morir en la etapa del *"sentimiento inicial"* que produce ver ese futuro deseado sin llegar al desarrollo de los planes.

La buena noticia es que podemos empezar de nuevo en cualquier momento. El pensamiento positivo sólo precisa de un deseo de actuar y pensar mejor. Es una forma maravillosa de vivir. En contraste, los que piensan correctamente están intensamente comprometido con el estudio y la práctica diaria de los principios eternos. Es un estado de *"ser"* que exige tener alineada nuestra mente, cuerpo, decisiones, emociones y sabiduría.

¡Switch!

1. Identifica al menos 5 ventajas que tiene pensar correctamente

2. ¿Qué ajustes necesitas hacer para convertir tus sueños en realidades?

LO HISTÉRICO ES HISTÓRICO

El título de este principio explica con humor el poder que el pasado puede tener en nuestras vidas. No estar consciente de este poder podría terminar controlando el disfrute de tu presente. Imagínate por un momento que estás conduciendo tu automóvil. La mayoría del tiempo te la pasarás mirando hacia adelante buscando llegar a tu destino sano y salvo. Sin embargo, de vez en cuando tendrás que mirar hacia atrás usando tus espejos retrovisores para monitorear a los otros vehículos a tu alrededor.

La vida es como conducir un automóvil. El espacio dentro de tu vehículo es estar en el *"presente"*. Tu impulso hacia adelante es tu intención de progresar. Tu cristal parabrisas es la *"ventana de tu futuro extraordinario"* y los espejos retrovisores son tu *"referencia"* de lo que continuamente estás dejando atrás... ¡tu pasado! En mi práctica privada como terapeuta y coach, he atendido a muchas buenas personas intentando conducir sus *"automóviles"* hacia adelante más usando principalmente su *"espejo retrovisor"* (el pasado). No tiene mucho sentido y terminan teniendo accidentes. Esta práctica no sólo es peligrosa para ti. También lo es para las personas que te acompañan y las que te encontrarás en tu camino. Es imposible progresar al futuro sólo mirando lo que dejaste atrás.

Te hablé en el principio 2 que tu mente está diseñada para interpretar y dar sentido a los eventos de la vida. Estos son los significados que quedan asociados a las experiencias. Te quiero dar un ejemplo real. Hace algunos años, un buen amigo mío tuvo una muy mala experiencia en los parques de Disney. Sus vacaciones familiares allí fueron terribles. Hasta el día de hoy, cada vez que él ve a Mickey Mouse se enoja muchísimo y cambia su humor. Lo mismo puede pasar con canciones, olores, rostros o lugares.

Inconscientemente, podemos *"anclarnos"* a estos estímulos por el significado que le dimos. Si no cambiamos el significado, viviremos amarrados a la misma respuesta disfuncional. Ya sea que sucedió hace unos minutos o años atrás, aplica de la misma forma. Puede no estar volviendo a suceder el evento en la actualidad más lo estamos reviviendo por dentro con la misma intensidad o incluso más intenso que cuando sucedió la primera vez.

Es por eso que decimos que la histeria de *"hoy"* está asociada con la historia de *"ayer"*. Si aun estás reviviendo experiencias histéricas es porque aún necesitas desconectarlas de tu pasado. La forma de lograrlo es cambiando el significado original que le diste a esa experiencia por uno nuevo y saludable.

Por ejemplo, algunas personas, posterior a una mala relación amorosa, dicen cosas como *"Nunca seré feliz"*, *"Todos los hombres o mujeres son iguales"* o *"Nunca encontraré a alguien especial"*. Es muy probable que este código se registró en la mente inconsciente. Tarde o temprano, estos pensamientos tóxicos del pasado saldrán sin darte cuenta y secuestrarán tu presente. En este momento es que se activa un mecanismo muy peligroso y destructivo llamado *auto-sabotaje*.

Estos pensamientos incluso pueden aparecer en el mejor momento de tu vida o estando junto a la persona ideal. En medio de tu alegría, tu programación tóxica te dirá algo como esto: *"No te emociones mucho que esto ya mismo se daña"* o *"Recuerda que ya esto te pasó"*. Si le prestas atención y crees en esta *"voz"* puedes dañar en un segundo lo que podría ser tu mejor historia. Esto aplica a empresas, familias e incluso a tu relación con Dios. No sabes cuántas personas conozco que no pueden relacionarse con la figura de Dios Padre porque su experiencia con su padre natural fue traumática. El significado de *"padre"* es tóxico y por eso no pueden recibir el amor incondicional de Dios.

Varios eventos en mi vida me enseñaron que perdonar no es olvidar, sino recordar sin dolor. Es algo totalmente diferente. Si Dios elimina nuestros recuerdos, no podríamos presenciar el *"antes y el después"* de Su toque divino. Tampoco podríamos testificar. Me encantaría decirte que existe una fórmula instantánea para cambiar el significado tóxico del pasado, pero no la hay. Cada historia es diferente. Algunas personas entran en su proceso y obtienen su libertad rápida. En otros casos, puede tardar y requerir más esfuerzo. Yo sé que no es fácil abrir el corazón y dejar ir. Algunos no lo ven como algo justo. Para otros no es conveniente porque aprendieron a usar su pasado para justificar su presente. Sea cual sea tu caso, te puedo garantizar que desintoxicarse de estos pensamientos es algo sumamente esencial para cualquier proceso de transformación.

Si quieres seguir conduciendo el *"carro"* de tu vida hacia delante para llegar a tu destino, debes cambiar la dirección de tu mirada. El verso de Colosenses 3:2 nos invita a *"pensar en las cosas de arriba y no en las de la tierra"*. El cambio es para reenfocarnos en nuestro futuro y en las promesas eternas. No inviertas más tiempo en aquello que ya ocurrió o en lo que no tenemos el poder de cambiar. Pablo nos da el resumen perfecto de este principio en el libro de Filipenses 3:13-14: *"Hermanos, yo mismo no pretendo haberlo ya alcanzado; pero una cosa hago: olvidando ciertamente lo que queda atrás, y extendiéndome a lo que está delante, prosigo a la meta, al premio del supremo llamamiento de Dios en Cristo Jesús"*

Tener un deseo genuino y ardiente de seguir adelante es lo que complementa el proceso de olvidar lo que quedó atrás. Siempre Dios pondrá algo mejor delante de ti. Es claro que no todo tu pasado es malo o doloroso. Claro que han pasado muchas cosas buenas y muy gratificantes. Seguramente son muchas más que las *"no tan buenas"*. Sólo usa tu pasado como una referencia y para tu aprendizaje. No puede ser tu refugio o puerta de escape. El parabrisas de un carro es mucho más grande que el espejo retrovisor. En otras palabras, tu futuro siempre será más amplio que tu pasado.

La decisión de moverse hacia adelante no nace de un capricho o moda. Mucho menos de una emoción temporera, El apóstol nos deja saber claramente cuál fue su motivación: *el premio frente a él.* Lo que veas en tu futuro extraordinario será el combustible que generará la pasión en tu corazón. Es la imagen del propósito que Dios puso dentro de nosotros. Siempre veremos el futuro como una oportunidad cuando sepamos cuál es nuestro propósito. Cuando esta revelación no está presente, el futuro siempre será amenazante e incierto. Por eso, para aquellos que no saben hacia donde van, ¡ya llegaron!

¡Switch!

1. ¿Cómo sabes que estás avanzando hacia tu propósito? ¿Cuáles son las señales?

2. ¿Qué estados de histeria tienes en tu presente que están relacionados con tu historia pasada?

PRINCIPIO 12
RECONOCE LAS SEÑALES DE PELIGRO

La gran realidad es que nuestros propios pensamientos pueden ayudarnos o retrasarnos. A medida que cambia nuestra mentalidad, también vamos renovando los filtros por donde pasan nuestras experiencias e interpretamos la realidad. El gran beneficio es que la forma en que percibimos nuestro mundo exterior también cambia gradualmente.

Te cuento que en una ocasión me invitaron a una fiesta dentro de una galería de arte. Allí me encontré con varios amigos y comenzamos a admirar una de las obras que había en una de las paredes. ¡Era una obra de arte majestuosa e impresionante! Era evidente el arduo trabajo y devoción a los detalles de su artista. Sus colores brillaban en el canvas.

Mientras admiraba la belleza de ese trabajo, uno de mis compañeros tenía los ojos puestos en una pequeñísima mosca que había aterrizado encima de aquel hermoso cuadro. El *"camarada"* se me acerca lentamente y me toca el hombro. Me da una media sonrisa y señala con el dedo a la mosca. Con cara de gran desagrado, me dice: *"Mira eso... qué barbaridad"*. No me había dado cuenta del diminuto insecto y hasta me dio trabajo encontrarla. Posiblemente, sólo él se dio cuenta de eso. Sin embargo, para mi compañero esa mosca estropeó toda su experiencia.

Tratando de ayudar un poco (¡y para que no nos arruinara la noche a todos!) le dije: *"Así como esa mosca se paró encima de ese cuadro, también lo es la vida. Todos tenemos una sola opción: buscar lo mejor de la "pintura" de la vida y disfrutarla o concentrarnos en las "moscas" y esperar lo peor"*. Pensaba que eso lo haría reflexionar más su respuesta fue aún más inquietante. Mirándome a los ojos y con voz firme, me dijo: *"Si esperas lo peor, nunca vivirás decepcionado"*. Me quedé en silencio por un momento y respondí: *"¡Ok! pero hermano, ¿quién puede vivir en paz así? ¡Nadie! Sería como sufrir toda una vida. Es una película blanco y negro en cámara lenta"*. Su forma de pensar era catastrófica. En mi opinión, es una forma de gastar energía, tiempo y recursos internos de una manera absurda e irresponsable.

Sabemos que no todo es *"color de rosa"* en la vida. Es también cierto que hay batallas internas que son alimentadas por las palabras o acciones de otros. A veces ni las estamos buscando pero nos llegan. Aunque tengan algún nivel de influencia sobre ti, no son determinantes. Te podrán retrasar y hasta hacerte pausar por un momento pero no te definen. Recuerda que lo único que tú puedes dar y recibir es información. Tú tienes el poder de decidir qué hacer con la información que recibes. Si te acostumbras a concentrarte sólo en lo negativo, tu mente adquirirá el hábito de la negatividad. La mente es como un músculo. Entre más la ejercitas en una dirección, más fuerte se hace. ¡De seguro verás "*moscas*" por todas partes!

De forma práctica, te quiero compartir ocho (8) señales que evidencian que es hora de cambiar tu forma de pensar. *¿Listo?* ¡Vamos!

1. Sólo te fijas en lo negativo: Tu enfoque en lo positivo le añade alegría a tu momento presente. Lo que se necesita es no prestar atención a tus pensamientos negativos, ni a los de otras personas. Descartar los pensamientos negativos no se trata de "*enterrar la cabeza en la arena*". Es una decisión consciente de no permitir que la negatividad empañe tu visión y domine tu experiencia presente. Este patrón no te hace ningún bien.

Los seres humanos estamos programados para pensar que nuestras preocupaciones y miedos cumplen alguna función beneficiosa y protectora. Cientos de investigaciones confirman que centrarse en la negatividad no convierte a nadie en una mejor persona, ni ayuda a progresar. De hecho, es todo lo contrario. Te frustra, te atrasa y hasta enferma tu físico.

2. Te resistes aceptar la realidad: Te invito a que monitorees tu diálogo interno. Observa si tienes algún patrón de quejas. Puede ser por tu situación de vida actual, por lo que otros te han hecho, tu crianza, tu entorno y hasta por el clima. Quejarse es una señal evidente de la resistencia de aceptar la realidad. Esto trae consecuentemente una enorme cantidad de negatividad y estrés. Cuando te quejas, te conviertes en una víctima. Cuando tomas una acción positiva y proactiva, te pasas al lado del poder. Cuando algo te moleste, toma acción y cámbiala o simplemente déjala ir de tu sistema. Repítete una y otra vez: *"cuando algo no lo puedo cambiar, debo cambiar mi actitud al respecto"*. Una vez que has hecho lo que puedes hacer, disfrutarás *"lo que es"* en lugar de preocuparte por *"lo que no es"*.

3. Tiendes atacar a los demás: Dejar ir nos da libertad emocional. Libertad es sinónimo de felicidad. Si en tu corazón todavía te aferras a emociones tóxicas como la ira y el rencor, no podrás vivir agradecido. También la falta de auto-responsabilidad nos conduce atacar a otros. La auto-responsabilidad es una que consiste en la capacidad que posee toda persona de asumir una postura reflexiva en relación a sí mismo, los otros y la vida. Vivir con auto-responsabilidad te permitirá renunciar a sentirte una víctima de las circunstancias. Baja tu *"espada"* y deja de atacar a otros. La persona más fuerte no es la más luchadora. Es la que sabe manejarse a sí misma en momentos de tensión.

4. Vives altamente preocupado por todo: La preocupación sólo te robará la alegría y te mantendrá ocupado sin resultados.

Esto se debe a que tu atención está centrada en los problemas y no en las soluciones. Es como usar tu imaginación para crear cosas que no quieres. Las personas que se preocupan demasiado tienen una capacidad extraordinaria para analizar los problemas y desmenuzarlos. Sólo les pesa mucho poner en acción las soluciones. Llévate como aprendizaje que todo no tiene que ser perfecto, ni tener sentido en este momento. Deja de preocuparte y expande tu mente. Donde tu mente vaya primero, te seguirá el resto de ti.

5. Tus expectativas te estrésan: Tener buenas expectativas en la vida es ciertamente una señal de buena auto-estima. Sin embargo, la mayoría de nosotros no sólo esperamos buenos resultados, sino que esperamos resultados exactos. No esperamos una buena relación. Queremos la relación perfecta. Mi consejo es que te alejes de las expectativas innecesarias e irreales. Tener elevadísimas expectativas puede llevarte a niveles intensos de estrés, ansiedad y depresión. Sobre todo si no se cumplen. Disfruta *"lo que es"* por un momento. No defiendo la mediocridad, ni vivir en el promedio. Sólo quiero que sepas discernir entre lo que son metas desafiadoras realizables y lo que es imposible. Nada funciona exactamente como lo deseas. Tampoco funcionarán siempre de la misma forma. El mundo cambia constantemente por tanto nosotros tenemos que cambiar también. *¿A caso no lo acaba de demostrar la pandemia del COVID?* La flexibilidad es la clave.

6. Secretamente quieres una vida sin dolor: El dolor es una parte incómoda del ser humano, pero es de vital importancia. Es una "*escuela*" que fortalece la mente, el corazón y el cuerpo. No podrás crecer de forma integral y fuerte en este mundo si sólo te pasan cosas buenas. Necesitas experimentar eventos reales de primera mano que desarrollen tu madurez. Pienso que la vida se parece mucho a un juego de ajedrez. El juego se gana haciendo movimientos estratégicos. A veces ganas y otras veces no. En promedio, los jugadores de este deporte pueden predecir entre 3 a 5 movimientos adelante. Los grandes maestros, como Garry Kasparov, dicen que pueden ver hasta quince (15) posibles escenarios futuros de su juego. De la misma forma, cuando vamos madurando y aprendiendo de nuestros errores, creamos la capacidad de tomar mejores y más satisfactorias decisiones.

7. Nunca estás satisfecho con lo que tienes: Se necesita un cambio de mentalidad si estrés y frustración se mantienen aumentado. En otras palabras, no puedes disfrutar lo que tienes porque "*nada parece ser suficiente*". Todo te resulta insatisfactorio. La clave es querer menos y apreciar más. Muchas personas quedan tan enfocadas en lo que no tienen, que no piensan ni por un segundo en la que ya tienen. En algunos casos, viven comparándose con lo que otros tienen. Seamos honestos. A veces nos obsesionamos con cosas que ni necesitamos ¿*Cierto?* Medita profundamente en tu corazón a ver si simplemente te has condicionado a ser infeliz con lo que tienes. En otras palabras, aprendiste a verlo así. La felicidad es una actitud de gratitud que debemos manifestar a diario.

8. Revives el pasado en tu mente constantemente: La nostalgia es un sentimiento bueno y hasta necesario muchas veces cuando se usa sabiamente. Es una de las formas en que podemos extraer lecciones de las experiencias pasadas de nuestras vidas. Cuando las experiencias del pasado se revisan con una mirada sana, nos trae paz y no resentimiento. Nos potencializa para diseñar un futuro mejor. Si la persona *"visita su pasado"* con un corazón adolorido y tóxico, probablemente tratará de justificar disfunciones de su presente.

Otro peligro es que puede caer en la práctica del auto-sabotaje que mencionamos. También puede generar sobre su vida un estado de auto-condena que lo aprisionará emocionalmente. El enfoque que elijas para visitar tu pasado es crucial tanto para potencializar tu futuro como para frustrar tus sueños. Elige sabiamente. No dejes que la parte dolorosa de tu pasado te robe el disfrute de tu presente. Tu pasado ni te define, retrasa o te derrota. Sólo te fortaleció para producir quién eres hoy.

Ten esto en cuenta y sigue adelante. Una mentalidad eficaz es aquella que hace el mejor uso de los recursos disponibles (tu tiempo, energía y esfuerzos) y los utiliza para crear un cambio positivo. ¡Ánimo! Ahora tienes las llaves para cambiar si has identificado en tu vida algunas de estas señales.

¡Switch!

1. ¿Te identificaste con alguna de las ocho señales? Y si fue "sí", ¿con cuál?

2. ¿Te percibes constantemente preocupado, agitado o frustrado?

PRINCIPIO 13
LOS PRINCIPIOS SON MAYORES QUE LAS OPINIONES

Se encontraba una persona jugando fútbol en el campo. Durante el juego, demostró un gran falta de coordinación, no tenía mucho equilibrio y su habilidad para patear la pelota era casi nula. El joven finalmente se frustra de estar en aquella posición ya que no hizo goles, ni había alegría en el juego. Rápidamente, decide llamar a su entrenador y le cuestiono él porque estaba pasando por tamaña vergüenza.

El experimentado entrenador simplemente le dijo: "*Hijo, tienes el potencial para jugar, pero necesitas entender primero los fundamentos y la dinámica del juego*". El novato jugador tenía la voluntad y el interés de jugar a un alto nivel, y aunque esto es importante, no era suficiente. El conocimiento de lo esencial sumado al entrenamiento correcto es lo que desarrolla la capacidad inactiva en nosotros.

Desarrollar nuestra capacidad para tornarnos *"mejores jugadores"* de la vida requiere aprender, reaprender y desaprender constantemente. El propósito de este libro es explicar y aplicar estos principios que puedan mejorar la calidad de tu vida. La vida funciona basada en leyes y principios. Esto aplica tanto en el mundo espiritual como en el físico. Si no fuera así, no podrías pilotear un avión por la falta del conocimiento de la ley de gravedad. La existencia de las leyes y principios no dependen de si los crees o no. Si dices que no crees en la gravedad y te lanzas de un edificio lo menos que harás es flotar.

Los principios son inmutables. Significa que funcionarán de la misma forma cada vez que los uses. No importa en qué etapa de la vida te encuentres, si eres hombre o mujer, alto, delgado, con mucho dinero o sin estudios. Están siempre presentes esperando ser utilizados por alguien que comprenda su dinámica.

Una de las leyes más fundamentales que existe es la Ley de Causa y Efecto. Esta ley dice que toda acción provoca una reacción. La causa siempre comienza con una idea o creencia. La Biblia enseña la Ley de la Siembra y Cosecha. Es una bendición sobrenatural que se encuentra detrás de nuestra fe y obediencia. Estos principios son como la luz del sol de la mañana. Si estás debajo del candente sol, recibirá su calor y todos sus beneficios.

Si te mueves a la sombra, puedes terminar pensando que *"el sol no salió para ti"* cuando sabemos que fuiste tú quien se movió. La verdad es que no disfrutamos lo que está ya disponible para nosotros por nuestra ignorancia. No se ofenda. Ignorancia viene de *"gnosis"* que significa *"conocimiento"*. No es que no tengas la capacidad o te falte inteligencia. Lo que te falta es información... conocimiento. Bueno, si aún no te has convencido, déjame mostrarte otro verso. En el libro de Oseas 4:6 se encuentra la siguiente declaración:

Mi pueblo fue destruido, porque le faltó conocimiento. Por cuanto desechaste el conocimiento, yo te echaré del sacerdocio; y porque olvidaste la ley de tu Dios, también yo me olvidaré de tus hijos.

Quizás es por esto que vemos a *"gente buena"* con tantos problemas en sus vidas. A la gente buena también le suceden cosas malas. En algún momento de tu vida, pudiste haber ignorado alguna ley o principio divino más no significa que seas una persona mala. Simplemente no lo sabías. No tenías la información necesaria. También esto se puede aplicar a nuestras leyes naturales. Por ejemplo, la existencia de la ley de la gravedad no te matará pero ignorarla o el mal uso de ella de seguro que sí. No importa si eres una persona cariñosa y positiva.

Cuando el entendimiento de alguien está en tinieblas, aleja a la persona de la vida abundante de Dios a través de la ignorancia que habita en nosotros y la dureza de corazón. La vida se encuentra en el conocimiento de los principios. Lo que está impidiendo la transición de la sobrevivencia a la sobreabundancia es sólo el desconocimiento de los principios.

Pablo confronta a la iglesia de Éfeso por la vanidad que le entró a la mente:

"Teniendo el entendimiento entenebrecido, ajenos de la vida de Dios por la ignorancia que en ellos hay, por la dureza de su corazón" (Efesios 4:18)

Piensa que la vida es como un río. El río sigue fluyendo no importando tu ánimo o personalidad. Me he dado cuenta de que algunas personas van al *"río"* y sufren todo el camino. Otras van al *"río"* y disfrutan el viaje. Es una decisión. ¡La vida pasará de todos modos! Nuestras decisiones dan forma a nuestro destino. Dice el dramaturgo más influyente de la historia, William Shakespeare: *"Tu destino no está escrito en las estrellas, sino en nosotros mismos"*. Esta en cada pensamiento, emoción y decisión que tomamos a diario. *¿Cuál es el punto central aquí?* Sólo podemos recibir lo que nuestra mente es capaz de aceptar. No eres transformado por lo que escuchas, sino por lo que eliges creer.

Podemos ir al "río" (la vida) a sacar agua con una *"cuchara pequeña"* mientras otros los veremos llegar con un *"barril gigante"*. Nuestro sistema de creencias determinará con qué actitud llegamos al *"río"* de la vida. Si hay pobreza en nuestros pensamientos posiblemente iremos al río a sacar agua con una *"cuchara pequeña"*. El problema es que después nos quejamos por la poca cantidad de agua que tenemos en nuestra *"cucharita"*.

Incluso podemos terminar con envidia y saboteando a otros que llegaron al río preparados con su *"barril"* (actitud y creencias) para llevarse más agua que nosotros.

El mismo *"río"* está disponible para todos. Memorice esto: *"Mucha gente quiere lo que tienes pero no están dispuestos a hacer lo que hiciste"*. No quieren pagar el precio. Lo que hagamos con el *"río"* de la vida depende de nosotros. *¿Qué más puede hacer Dios por nosotros?* Él nos ama y nos creó con grandes habilidades y poderes a través de Él. Nos dio el Espíritu Santo y dice que tenemos la mente de Cristo (1 Corintios 2:16). Nos regaló dones espirituales, murió y resucitó por nosotros para que tengamos acceso a una vida en abundancia. Entonces, *¿Le falto algo por hacer?* Claro que no.

La única limitación real está en nuestra mente. La imposibilidad es tan poderosa como la creencia. La verdad es que podemos tener todo lo que queramos con Él y a través de Él si dejamos de lado la creencia limitante de que nos imponemos. Es tan simple como eso.

¡Switch!

1. ¿Con qué estás recogiendo agua en el río de la vida? ¿Usas cuchara pequeña o barril gigante?

2. ¿Estás decidido a hacer lo que sea necesario para obtener lo que deseas? (¡Pagar el precio!)

¿ESTÁS MIRANDO AL MAESTRO O LA TUMBA VACÍA?

Un amigo me comentó una vez: "*Benny, la perspectiva es como el ombligo...todo el mundo tiene una*" Esto es importante saberlo porque aquello que hacemos una verdad en nuestras vidas depende directamente de nuestra percepción de los hechos. Tomemos por ejemplo el caso del profeta Elías. Se registra en 1 Reyes 19:10, que el profeta hablando con Dios dice: *"...y sólo yo he quedado, y me buscan para quitarme la vida"*. Esta era su percepción de los acontecimientos. Dios tenía una verdad diferente. Sus creencias limitantes causaron un estado de miedo extremo en su corazón.

Ahora, Dios necesitaba hacer una intervención profunda en su corazón. En el versículo 18 de este capítulo, Dios le revela la verdad a Elías diciéndole: *"Yo haré que queden en Israel siete mil, cuyas rodillas no se doblaron ante Baal, y cuyas bocas no lo besaron"*. Sin esta intervención, no hubiese cumplido su asignación profética.

Escucha esta verdad: *"La revelación de una verdad eterna es la mejor medicina para cambiar una creencia equivocada"*. Si realmente quieres sacarle el máximo provecho a lo que estás aprendiendo aquí, te invito a que le hagas a Dios la siguiente pregunta: *"¿Cuál es tu verdad sobre lo que estoy viviendo?"* Dios siempre te revelará la verdad, si estás listo para escucharla. Cuando actúas sobre esta verdad, estarás usando el pensamiento correcto.

No se trata de ser positivo o negativo, sino de ser genuino y obediente. Cuando eres tú mismo, significa que has entendido tu identidad en Él. Recuerda que no fuimos llamados para entender a Dios. Nuestro llamado es creer en Él. Aunque hay relación entre la obediencia y el conocimiento, no dependemos de entender para decidir obedecer. *¿Cuántas veces nuestros padres nos pidieron hacer cosas que no entendíamos?* Sin embargo había que obedecerlas. Ahora que somos padres nos pasamos diciendo *"Ahora entiendo lo que me decían de pequeño"*.

El objetivo de todos los grandes líderes y coaches es facilitar procesos enfocados en la libertad. Las personas dicen que quieren crecer y asumir responsabilidades. Algunas lo toman en serio. Otras lo que realmente quieren es algún tipo de resultado básico y rápido sin compromiso.

En otras palabras, desean permanecer en un estado emocional infante. Por no estar dispuestos a cambiar, terminan creando las "*razones*" (que realmente son excusas) para justificar lo que no pueden ser, hacer o tener. Disculpa si suena muy fuerte más deseo incomodarte saludablemente.

Aquí está el antídoto. El primer paso de cambio es comenzar a eliminar las excusas. Tienes que cambiar la historia que te estás contando a ti mismo. Tu historia es la narrativa que has creado para explicarte a ti y al mundo por qué no tienes lo que te mereces, de la manera y en el momento que lo deseas. Puede sonar bonita, emotiva y hasta convincente más luego que termines de contar, seguirás en el mismo lugar.

Estimado lector, aquí te va una verdad liberadora: "*No hay víctimas, sólo voluntarios*". Debes elegir ahora destruir tu antiguo "*libreto*" de vida y comenzar a incorporar en tu vida un nuevo discurso. Deja de culpar y lamentarte. No estoy diciendo que todas las cosas que sucedieron en tu vida fueron tu culpa. Algunas cosas llegaron sin previo aviso o permiso, especialmente las más dolorosas. Desafortunadamente, sucedieron y continuarán sucediendo como parte de nuestro peregrinar en esta tierra.

De la misma que puedes escoger ser libre, también puedes decidir mantenerte en el dolor. Obviamente, mi deseo es que decidas eliminar la carga emocional, la culpa, la condena y seguir caminando! Cuando pensamos en términos de culpa, creamos o amplificamos el estado de dolor.

Recuerda que el dolor siempre genera más dolor. Creo en este principio: *"No somos culpables de nada, pero somos responsables de todo lo que pensamos, sentimos y hacemos"*. La responsabilidad personal es la plataforma que facilita el cambio. *¿Estás de acuerdo?*

Si creemos que alguien o algo externo es la causa de todos nuestros problemas, siempre miraremos fuera de nosotros para encontrar una solución. Esto puede ser muy peligroso. Para encontrar las respuestas reales a nuestros problemas, tenemos que comenzar mirando a Dios y recibir Su *"perspectiva"* sobre las cosas. Como efecto, nos miraremos de una nueva manera. Tendremos una nueva auto-percepción basada en la perspectiva divina y no por las circunstancias.

Una percepción transformada nos hará resignificar nuestras relaciones y eventos de nuestra vida. El mundo exterior es, en muchos sentidos, una proyección de nuestro mundo interior. Nosotros podemos crear ambientes por lo que cargamos por dentro. El desierto no floreció antes de Abraham llegar. El desierto floreció porque el hombre de Dios había llegado. Él cargaba una atmosfera sobrenatural que transformaba los ambientes. *¿Sabes qué?* Tú tienes la misma naturaleza.

La mente atrae todo lo que le es familiar. La mente asustada atrae y produce experiencias aterradoras. La mente confundida atrae y produce más confusión. Lo mismo que la mente prospera, atrae prosperidad y oportunidades. *¿Es magia?*

¿Algún poder sobrenatural que tengamos? ¡De ningún modo! La Biblia dice algo poderoso sobre esto, veamos Romanos 8:5-6:

"Porque los que son de la carne piensan en las cosas de la carne; pero los que son del Espíritu, en las cosas del Espíritu. Porque el ocuparse de la carne es muerte, pero el ocuparse del Espíritu es vida y paz"

Tu sistema de creencias siempre demostrará que tienes razón. Si crees que no puedes ser, hacer o tener algo, crearás todas las circunstancias (de forma inconscientemente) para demostrar que era verdad. Se convierte en una profecía auto-cumplida. Funciona como un piloto automático de avión. Si el avión está programado para ir hacia el oeste, tú puedes redirigir manualmente el avión hacia el norte. Ahora, en el momento en que dejes de pilotearlo, el sistema automático tomará el control del avión nuevamente y volverá al curso programado originalmente. Si crees que tu negocio es malo o que no existe una persona especial para ti, tu mente no se enfocará en las nuevas oportunidades. Estarías cerrando las puertas que mejorarían tu situación actual. La profecía se vuelve a cumplir.

Considera un caso registrado en Juan 20:8-16. Es la escena de la tumba vacía como prueba de la resurrección de Jesús. María está llorando por el Maestro que no estaba en su tumba. Jesús le pregunta por primera vez: *"¿A quién estás buscando?"* María estaba en una gran angustia, no sabiendo que era el mismo Maestro quien preguntaba. Hasta sospechó si el jardinero se había llevado el cuerpo del Amado a otra parte.

117

Por segunda vez, Jesús interviene ahora sólo diciendo su nombre con gran ímpetu: *"¡María!"* Como si le estuviera diciendo: *"¡Ehhhh, mantente enfocada! ¡Estoy aquí!"* En ese momento, María reconoció a Jesús, porque lo llamó *"Rabboni"*, que significa Maestro. Es sorprendente ver cómo una persona puede estar frente a Jesús y al mismo tiempo estar enfocada en la tumba. Un contraste de vida y muerte. Las dimensiones eterna y temporal. Estaban las dos opciones en un sólo lugar.

Dicho de una manera aún más práctica: *¿Cómo podemos elegir sobrevivir si tenemos la opción de abundar por Gracia? ¿Por qué necesitamos vivir en el desierto, si tenemos una tierra prometida para nosotros?* ¡Es simplemente una cuestión de perspectiva! Un enfoque que es impulsado por nuestras propias creencias. El consejo aquí es muy puntual: invierte tu tiempo, energía, pensamientos, emociones y toda tu vida en las cosas que son eternas. No te distraigas con lo temporero. Deja de mirar las *"tumbas"* de la vida y regresa tu mirada a la vida que está en Jesús. Siempre recuerda que nuestro enfoque es crucial.

¡Switch!

1. ¿Tienes la tendencia a mirar más hacia el Maestro resucitado o hacia la tumba vacía? ¿Cuál es tu perspectiva?

2. ¿Crees que algún área de tu vida podría estar volando en piloto automático sin dirección?

PRINCIPIO 15
TIENES QUE CREER PARA VER

Fue un día de muchas preguntas. Acababan de pasar por el momento más difícil de sus vidas como discípulos: *la separación del Maestro*. En medio de esta confusión, Jesús aparece y saluda con las palabras que nadie podría decir mejor: *"¡Paz!"* Los discípulos que estaban allí recibieron el poder del Espíritu Santo, excepto Tomás que no estaba presente en ese momento. Al encontrarlo, le dijeron emocionados que habían visto a Jesús.

Su reacción fue inaudita. Parecía que no era suficiente haber caminado durante casi tres años con el Maestro de Galilea. Los milagros presenciados y las centenas de horas de instrucción directa del mismo Jesús no le pasaron por la mente. De su boca salieron estas palabras: *"Si no lo veo, no lo creo"*.

Días después, Jesús lo confrontó en amor. Ni siquiera le habló para convencerlo. Él sólo le mostró la *"señal de los clavos"* (Juan 20:25) y el discípulo cayó de rodillas convencido. Al final, lo dejó con las siguientes palabras de eterna profundidad: *"Bienaventurados los que no vieron y creyeron".*

Existe una creencia popular aceptada en muchas culturas. La creencia de *"ver para creer"*. Significa que si puedo ver alguna evidencia primero, puedo creer después. Ya aprendiste que nuestra naturaleza humana no se basa en la realidad, sino en nuestra percepción de la realidad. El objetivo principal en esta sección es cómo podemos cambiar la forma en que interpretamos la realidad capturada por los cinco sentidos naturales y activamos el sentido del espíritu llamado Fe. La Biblia dice que: *"Por fe andamos y no por vista"* (2 Corintios 5:7).

Dios no condena el uso de nuestros sentidos para entender el mundo porque fue Él quién nos los dio. No es el uso sino la confianza que ponemos en lo que los sentidos nos dicen. La advertencia bíblica es que no debemos caminar por vista. Traducido significa que no podemos operar y vivir limitados al nivel del mundo sensorial. La verdad es que para tener resultados extraordinarios hay que revertir este orden. Realmente tienes que creerlo para verlo. Tu confianza debe ser colocada en la convicción que Dios pone dentro de ti aunque lo que estés viendo no te haga sentido. Este es el verdadero desafío.

Uno de los hábitos que recomiendo para el éxito es hacer una buena lectura diaria. Por mi profesión de psicólogo y coach, estoy obligado a estar siempre aprendiendo y actualizado en cierto temas. Buscando en una tienda de libros, me encontré con una colección muy interesante llamada *"perfiles de mentes brillantes"*. Era un análisis de la vida y forma de pensar de figuras históricas. Entre ellos estaban Leonardo Da Vinci, Albert Einstein e Isaac Newton. Lamentablemente, no vi a nadie relacionado con la Biblia o del mundo de la fe.

Esta frustración momentánea me llevó a inspirarme en Dios (Dios es experto convirtiendo la frustración en fascinación) y comencé a crear algunos perfiles de los grandes hombres y mujeres de Dios. Sus vidas reflejan los atributos divinos. Fueron personas que dejaron sus marcas en la historia. Pienso que podría salir un buen libro de esto.

Las personas que han dejado sus nombres en la historia fueron mentes que desafiaron la lógica, la comodidad y patrones de sus tiempos. Lo ordinario nunca llama la atención. Todo momento de innovación en la historia siempre está relacionado con nuevas formas de pensar. Los grandes resultados son producto de grandes pensamientos. Igualmente, los resultados limitados son productos de una mentalidad limitada.

Hay momentos donde nos podemos sentir psicológicamente incómodos cuando experimentamos contradicciones u oposición. Puede ser una buena señal de que estás cerca de hacer historia. Los cambios nos obligan a adaptarnos para eliminar o al menos disminuir la ansiedad natural que llega en las transiciones. Es parte de un proceso natural e instintivo tratar de mantener el equilibrio psicológico.

La Biblia describe en el libro del Génesis, la vida de un hombre valiente y exitoso que pasó exactamente por este proceso. Hablamos del padre de la fe, Abraham. Créeme que no es llamado así por accidente. Dios desafía a este hombre extraordinario a quebrar sus límites y expandir su mente. En el pasaje que se encuentra en el capítulo 15, pude identificar cuatro (4) características claves de Abraham que nos enseña a *"creer para ver"*.

1. **Enfoque:** Abraham sabía que las respuestas provienen de Dios. No importa cuán fácil o difícil pueda ser la pregunta. El patriarca no perdió el tiempo haciendo preguntas a personas que no tenían las respuestas. La batalla del universo es por tu mente...y la batalla de tu mente es por tu enfoque. Dado que Abraham ya tenía una edad avanzada, entró en desespero. Abraham quería saber quién sería su heredero, y le pidió a Dios una respuesta, ¡¿y qué tipo de respuesta recibió?! (15:2).

2. **Reposicionamiento:** La respuesta de Dios no podía ser entregada en el mismo lugar donde se generó la pregunta. En Génesis 15:5 dice que Dios primero *"sacó a Abraham de la tienda"*. Un nuevo lugar, una nueva pregunta y una nueva perspectiva. Ahora estaba fuera de su zona de comodidad. Dios le pidió que mirara hacia arriba y tratara de contar las estrellas. El Creador le prometió al viejo Abraham que si podía contarlas, de la misma forma sería su descendencia. Le estaba prometiendo

que el sueño no moriría con él. Esto es profundo y no debes leerlo aprisa. Sabemos que no se pueden contar las estrellas desde el interior de una tienda. Sólo podrás ver nuevos horizontes fuera de tu zona de comodidad. Los nuevos resultados sólo están esperando el cambio de tu posición mental y espiritual en Dios.

3. Visión extraordinaria: Siempre que Dios te saca de tu zona de familiaridad, te muestra un destello del sueño que tiene preparado para ti. Es como los avances de la próxima película que viene al cine. Sabemos que humanamente es imposible contar todas las estrellas del cielo. No tenemos la capacidad humana para lograr este objetivo. Tampoco Dios estaba burlándose de Abraham. Estoy seguro de que Abraham no entendió la trascendencia de la promesa de Dios, pero la recibió por fe. La Biblia dice que Abraham le creyó a Dios y ese acto fue contado por justicia. Tanto es así, que ganó el primer lugar en el *"salón de la fama de la fe"* encontrado en Hebreos 11. Tu provisión será atraída por tu visión. Dios nunca financia caprichos. Él provee para aquellos cuya visión está alineada a Su propósito.

4. Fe explosiva: La mayoría de nosotros leemos la parte de la promesa, pero no estoy seguro si comprendemos la magnitud de este desafío. Digo esto porque Abraham no sólo usó sus sentidos naturales para responder a Dios. Su acto requirió liberar un nivel extraordinario de fe. *¿Por qué digo esto?* La respuesta se encuentra más adelante, específicamente en el versículo 12 de este capítulo 15 de Génesis. Léelo conmigo por un momento. Te vas a sorprender. Dice que: *"Mas a la caída del sol sobrecogió* *el sueño a Abram, y he aquí que el temor de una gran oscuridad cayó sobre él.".* ¿Qué? Volvamos a leerlo. ¡Wow! Viste ahora lo grande de ese encuentro. Cuando Abraham salió y contó las estrellas, todavía era de día. Vio algo donde no había nada. Cualquiera puede contar estrellas por la noche. Solamente las personas con una fe explosiva pueden hacer esto durante el día.

Es fácil dejarse seducir por el comentario común de que *"estamos viviendo tiempos difíciles"*, *"La vida es dura"* o *"Las cosas se van a poner peor"*. Todos estos son comentarios llenos de dolor. Yo me niego a pensar y creer en esto. Cuando escucho esto me dan ganas de gritarles: *"¡Sal de tu tienda! Allá adentro no podrás ver lo extraordinario que te espera afuera"*. Estoy consciente que nuestros sentidos nos engañan y es fácil dejarse atrapar por la desesperación. Vivir dentro de esta *"tienda"* es lo que conforma nuestras creencias limitantes. En mi vida, a veces me encontraba deseando *"ver el cielo y las estrellas"* pero operando con una *"mentalidad de tienda de campaña"*. Hoy te desafío a que dejes tu zona de comodidad y te muevas a ver las grandes cosas que Dios preparó para ti. No tienes que verlas para creerlas. Créele y deja que te sorprenda en el camino.

¡Switch!

1. ¿A quién le preguntas cuando buscas dirección en tu vida?

2. ¿Qué sueños ardientes de Dios tienes en tu corazón?

PRINCIPIO 16
CREER ES CREAR

En el bello archipiélago de las Bahamas, existe una isla previamente llamada la *"Isla de los Cerdos"*. Su extensión es de aproximadamente 270 hectáreas de tierra. Según informes históricos, su nombre proviene de un incidente acontecido allí en 1870, en el que una barcaza que transportaba una carga de cerdos se incendió. Para evitar hundirse, los marineros liberaron a todos los animales los cuales nadaron hasta la isla.

Los cerdos comenzaron a multiplicarse en este lugar. Al poco tiempo, las personas comenzaron a llevar basura y desperdicios a esta isla lo cual terminaba alimentando a los cerdos. Inevitablemente, se convirtió en el basurero de este grupo de islas. Lógicamente, su aspecto no era atractivo para nadie, o para casi nadie debo decir.

En 1961, un hombre con visión compró la propiedad que nadie quería. Su nombre era Huntington Hartford. Lo que todo el mundo veía como un basurero lleno de cerdos, él lo visionaba como una oportunidad. Lo primero que hizo fue cambiarle el nombre a la isla. Ahora se llamaba la *Isla Paraíso*. Él pensó *"¿Quién va a querer visitar una isla llamada Cerdos?* (aunque los cerdos aun vivían en la isla). A partir de ese momento, comenzó la limpieza y un proceso de transformación sin precedente. La gente le decía que estaba botando su dinero más él continuó desarrollando su proyecto.

Poco después, creó su primer club de alto nivel que empezó a atraer la atención de muchas personas e inversionistas. Entre ellas, llegó el gran magnate Merv Griffin, dueño de la cadena *International Resorts* quien terminó posteriormente comprando las tierras en 1967. Durante décadas, el desarrollo de esta isla fue impresionante. En 1994, el mogol sudafricano Sol Kerzner le compró la propiedad a *International Resorts* y construyó allí lo que hoy conocemos como el *Hotel Atlantis*, considerado por muchos uno de los mejores 10 hoteles del mundo.

La primera vez que escuche esta historia se me salieron lágrimas de la emoción. Me preguntaba *¿a quién se lo ocurre convertir una isla basurero en uno de los destinos paradisiacos más cotizado del mundo?*. La respuesta no tardó en llegar a mi corazón: *a un visionario*. Una persona visionaria es especialista en creer para crear. Son los que ven las cosas primero antes que todo el mundo. Son los que incomodan el *estatus quo*. Son simplemente los que escriben la historia. Las personas que necesitan ver antes de creer, limitan sus posibilidades de expansión. En muchas ocasiones, estamos esperando que suceda algo en lugar de hacer que algo suceda. Nos sentamos en las gradas de la vida a esperar lo próximo que venga. Sin darnos cuenta nos convertimos en los *"eternos espectadores y no en los protagonistas de nuestro destino en el teatro de la vida"*, como siempre dice mi querido amigo el Dr. Augusto Cury al final de sus conferencias.

La Biblia contiene un verso muy conocido y citado que se encuentra en Romanos 4:17. El apóstol Pablo nos habla: *"como está escrito: Te he puesto por padre de muchas gentes delante de Dios, a quien creyó, el cual da vida a los muertos, y llama las cosas que no son, como si fuesen"*. Este verso no es para pedir lo que sea, como sea y cuando sea. La primera parte de este versículo se está refiriendo a Abraham, quién recibió en una gran visión la promesa de las multitudes de parte de Dios como mencionamos en el capítulo anterior. (Génesis 17:5)

Y continúa el texto diciendo: *"... a quien creyó"*, aun hablando de Abraham y su fe para aceptar el desafío que Dios le había hecho. La referencia que indica *"el cual da vida a los muertos"* describe el poder de Dios para transformar algo inútil, estéril o sin esperanza en vida. Por eso, concluye el verso diciendo *"...y llama las cosas que no son, como si fuesen"* refiriéndose a que Dios se especializa en los imposibles.

Algunos teólogos comentan que esta última parte se refiere al milagro de Sara. Dios les entregó en brazos a un hijo aún ella teniendo una matriz muerta (estéril) (v. 19). Por otro lado, la palabra *"llamar"* (*kaleo* en griego) también se puede usar para describir la actividad creativa de Dios (Isaías 41:4; 48:13). En otras palabras, Pablo nos está hablando de la capacidad única de Dios para crear algo de la nada.

De la misma forma que Huntington Hartford vio un paraíso en medio de un basurero, así Dios te coloca en procesos para que descubras lo que está depositado dentro en ti. No debes caer en la *"trampa"* de lo obvio. Nuestros sentidos nos jugarán en contra a veces. La *"mente de árbol"* que heredamos te dirá *"no se puede"*, *"sólo hay basura"* o *"no hay dinero"* Mas entiende que Su propósito es eterno.

No depende de emociones, circunstancias o de cuantos *"cerditos salvajes"* tenga la *"isla"* de tu vida. Tampoco depende de la opinión pública o del partido político de turno. Dios te marcó con un destino ¡y es eso y ya! No hay quién lo cambie. Es tan importante para Dios, que Él se reservó el derecho de hacerlo cumplir en nosotros. Luego, estudia esta promesa que se encuentra en Salmos 138:8.

Te pregunto: antes de que Andrew Waugh y su equipo midieran por primera vez la altura del monte Everest, *¿cuál era la montaña más alta del mundo?* Posiblemente pensaste en varios nombres y lugares. La respuesta es muy simple: *sigue siendo el Everest. ¿Ah? ¿Por qué?* Porque el hecho de que no puedas verlo no significa que ya no exista. No confundas la existencia con la visibilidad. Esta ya allí pero el telón aún no se ha corrido.

Yo aprendí que esto puede pasar por dos (2) razones. Primero, porque no estamos aún listos para recibir nuevas oportunidades. Dios te prepara primero a ti para luego entregarte lo que tiene para ti *¿recuerdas?* Y en *s*egundo lugar, porque no siempre definimos con precisión lo que estamos buscando. El que no define sus metas está condenado a conformarse con cualquier cosa. Las metas hacen que nuestro cerebro y mente trabajan alineadas.

Tu cerebro y mente no soportan la confusión. Son como agua y aceite. El primer paso entonces es preguntarnos: *"¿Qué estoy buscando exactamente?"*. La respuesta a esta pregunta juega un papel muy importante en tu camino hacia el éxito. Debes saber lo que quieres antes de desarrollar tu plan. Primero viene el *"qué"* y luego creamos el *"cómo"*. Recuerda una vez más: *Tenemos que creer para ver.* En Salmos 34:8 dice:

> *Gustad, y ved que es bueno Jehová; Dichoso el hombre que confía en él.*

Ten en cuenta que dice primero *"gustad"* y luego dice *"ver"*. Normalmente, nos gusta ver la comida antes de probarla. Con Dios es al contrario. Si no, la fe no haría falta. Primero debes confiar y creer y luego verás cómo hacerlo. Un mentor financiero me dijo una vez: *"Benny, lo que no está en tu bolsillo es porque aún no está en tu cabeza".* Tienes que creerlo para crearlo. El dinero no te hace prospero. El dinero es una consecuencia de una mente prospera. Porque eres próspero, entonces el dinero te sigue. De cara al futuro, siempre piensa así: *"Mi futuro será influenciado por el próximo pensamiento que tenga".* ¡Adelante! ¡Vamos con todo!

¡Switch!

1. ¿Te consideras un espectador o un protagonista de tu destino?

2. ¿Acostumbras a definir lo que exactamente quieres antes de accionar?

PRINCIPIO 17
DERRIBA LOS MUROS MENTALES

Nuestras experiencias están íntimamente asociadas a nuestro auto-concepto. Lo que vivimos moldea la forma en que nos vemos. Nuestros filtros se van creando o cambiando con cada nueva experiencia. Según el científico, Alfred Korzybski, el conocimiento humano acerca del mundo está limitado por nuestro sistema nervioso y el lenguaje.

Basado en su modelo, significa que no tenemos acceso pleno de la realidad y que los datos que recibimos son producto del filtraje cerebral. Por eso, Korzybski dice que sólo somos capaces de capturar el 3% de la experiencia real. El 97% restante proviene de nuestra interpretación de la realidad. Esta interpretación es el producto que queda después de que procesamos los datos capturados por nuestros filtros personales.

De este principio es que nace su famosa frase *"el mapa no es el territorio, ni el menú es la comida"*. El mapa de la realidad no es la realidad. Incluso, los mejores mapas son imperfectos. En otras palabras, la descripción de la cosa no es la cosa en sí. El modelo no es la realidad. La abstracción no es lo abstraído. Esto tiene enormes consecuencias prácticas.

Las creencias que aceptemos se tornarán en nuestras verdades. Se vuelven realidad para nosotros. Si pensamos de la misma forma y nos hablamos con las mismas palabras durante un periodo de tiempo, estas se convertirán en ley en nuestras propias vidas. El libro de Proverbios 18:21 dice que *"el poder de la muerte y la vida está en nuestra boca"*. También en Proverbios 6:2 dice *"Te has enlazado con las palabras de tu boca, Y has quedado preso en los dichos de tus labios"*. Este principio funciona tanto para lo positivo como para lo destructivo.

Por ejemplo, si recibimos e integramos información sobre enfermedad, infelicidad, escasez o pobreza, estas se quedarán como códigos de programación en nuestro *"sistema operativo"*. Si siembras una semilla, la probabilidad es que crezca y de frutos. Si siembras la semilla de una manzana, tendrás un árbol de manzanas. Es algo obvio. El árbol de manzanas no cambiará de opinión y se convertirá en uno de naranjas porque pensó que la naranja es mejor para ti. La tierra te dará manzanas mientras sigas plantando ese tipo de semillas porque las cosas se reproducen según su género.

La mejor manera de poner a prueba nuestras creencias es cuando nos encontramos en medio de desafíos. Este tipo de situación nos lleva a acceder nuestra base de datos llamada *"creencias"*. Cuando activas la información allí almacenada, se produce un comportamiento basado en el contenido asociado a esa creencia. Si la creencia que asociaste a una particular situación es que *"eres débil"* y *"no eres bueno para esto"*, automáticamente activará en ti miedo y saldrás huyendo de los problemas. Si la creencia asociada es algo como *"diga el débil, fuerte soy"* (Joel 3:10) tu manera de encarar la situación será totalmente diferente.

Si quieres una buena analogía, te puedo decir que las creencias son como una mesa. El tope de la mesa es la creencia, no importa si es poderosa o limitante. Cada pata de la mesa es un *"pensamiento de apoyo"* asociado con la creencia central. Siguiendo esta analogía, podemos decir que cada creencia tiene al menos cuatro pensamientos o puntos de apoyo debajo de la superficie. Si quieres que la *"mesa"* (tu creencia) pierda el balance y se caiga, sólo necesitas remover al menos una de las patas (pensamientos de apoyo) y en segundos la mesa estará en el piso.

Entonces, lo que ahora estás pensando es *¿Y cómo remuevo un pensamiento de apoyo?* Simplemente, encontrando evidencia contraria. Si yo digo *"todo me sale mal"*, lo único que debo hacer es encontrar un momento donde algo me salió excelentemente bien. Observa que estoy diciendo *"todo"*. Estoy pensando en absolutos y con sólo una evidencia contraria ya la creencia se debilita.

133

En algunos casos, hace falta hacer varias rondas y buscar argumentos contrarios sólidos hasta sentir que la creencia perdió fuerza. Esto aplica especialmente cuando son creencias limitantes que llevas mucho tiempo practicándolas. Pablo nos dice en 2 Corintios 10: 4-5 lo siguiente:

> *"Porque las armas de nuestra milicia no son carnales, sino poderosas en Dios para la destrucción de fortalezas, derribando argumentos y toda altivez que se levanta contra el conocimiento de Dios, y llevando cautivo todo pensamiento a la obediencia a Cristo"*

Tenemos armas poderosas para derribar *"muros"* formados por pensamientos. El lenguaje que se usa aquí es militar y táctico. Cuando nuestras creencias limitantes son confrontadas, tendemos a mostrar resistencia. Recuerda que nos están implosionando el *"sistema operativo"*. Nos están atacando la forma de ver el mundo. A veces también podemos mostrar una actitud defensiva. Por ejemplo, *"¿Me estás diciendo que estoy equivocado?"*.

Mantén en mente que nuestras creencias están formadas por la suma de experiencias acumuladas a lo largo de nuestra vida. Vivimos basados en las *"mesas"* que activamente formamos. Hay un conjunto de ideas que forman las creencias asociadas a la cultura. Otro conjunto es sobre nuestra ideología política. Otro sobre nosotros mismos y sobre cómo nos relacionamos, y la lista no acaba. Tenemos o vamos a formar creencias para cada aspecto de la vida.

Es imposible no filtrar la realidad utilizando nuestras creencias. Creo que Romanos 12 ahora tiene más sentido, ¿verdad? Nunca entenderemos la voluntad de Dios para nuestras vidas sin renovar sobrenaturalmente nuestro *"sistema de filtrado"*, es decir, nuestras creencias. La Biblia dice que:

> *"El corazón es más engañoso que cualquier otra cosa y su enfermedad es incurable. ¿Quién es capaz de entenderlo?"*
> *(Jeremías 17: 9)*

Los comportamientos automáticos son controlados por *"programas"* que existen en la mente subconsciente. Cuando la mente reflexiva y consciente no está conectada con el *"ahora"*, abre la puerta para que la mente subconsciente se apropie automáticamente de tu comportamiento. ¡El 95% de nuestros hábitos se derivan de la mente subconsciente! Traducido significa que la mayor parte de nuestro propio comportamiento es prácticamente invisible para nosotros mismos! El científico Albert Einstein dice: *"El mundo que hemos creado es un resultado de nuestro pensar. No podemos cambiarlo sin cambiar primero nuestra forma de pensar".*

La conciencia del cambio a veces no llega porque estamos demasiado relajados dentro de nuestra zona de comodidad. ¡Seamos sinceros! Nos gusta refugiarnos en ambientes familiares porque allí nos sentimos protegidos y porque tenemos control. Esto se manifestará independientemente de cuán incómodas, dolorosas o auto-destructivas puedan ser estas creencias.

La única forma de salir de nuestra *"zona segura"* y ser libres de limitaciones es sentirnos incómodos. Mantén tu mente fuera de tu zona de comodidad y cambiarás tu realidad. Sólo podemos experimentar la libertad en proporción directa a la cantidad de verdad que estamos dispuestos a aceptar sin renunciar al proceso.

¿Te animas a una historia más? Miremos la radical historia entre Jacob y el ángel de Dios en Génesis 32:24. Allí se describe cómo un hombre luchó contra un ángel (tipología de Dios) pidiéndole que lo bendijera. No fue hasta el final de la batalla, que el ángel tocó el muslo del gladiador marcándolo para siempre. El momento clave de la historia es cuando el ángel le pregunta a Jacob: *"¿Cómo te llamas?"* Su nombre en hebreo significa *"engañar"*. Las acciones de Jacob habían distorsionado su verdadera identidad.

Su transformación inició cuando Dios cambió su identidad confusa. En realidad, Jacob antes de este episodio estaba huyendo de él mismo. Este poderoso toque regeneró en él una nueva mentalidad. El poder de Dios instaló un nuevo *"sistema operativo"* llamado *"Israel"*. Dice en el versículo 30 que a raíz de este encuentro transformador *"Dios liberó su alma"*.

La idea es comenzar a confrontar la raíz de las cosas con verdades liberadoras. Los resultados limitados en nuestra vida están directamente asociados a las creencias limitantes. Recuerda que el pensar *"correcto"* está basado en el conocimiento de la verdad absoluta sobre quiénes somos, qué queremos y nuestra relación con Dios. El pensamiento correcto se basa en verdades eternas y no en ilusiones u opiniones públicas. Tanto el pensamiento positivo como el negativo se filtran a través de nuestro sistema de creencias y se basan en la interpretación que damos. El pensamiento correcto proviene de la revelación directa de Dios, la fuente de toda verdad.

¡Switch!

1. ¿Qué grupo de pensamientos han creado muros mentales?

2. Escribe cinco (5) características de tu nueva y saludable identidad.

PRINCIPIO 18
DEJA DE SER TU PEOR ENEMIGO

Zinedine Zidane estuvo a un paso de convertirse en el mejor jugador de la Copa Mundial de Fútbol del año 2006. Fue la fuerza de la selección francesa en el último partido contra Italia. Los medios dijeron que era el delantero número uno del mundo y que le esperaban contratos publicitarios multimillonarios. *¿Recuerdas lo que hizo Zidane al final de este partido?*

Para la indignación de casi 3 billones de espectadores, el campeón golpeó con su cabeza el pecho del italiano Marco Materazzi luego de un breve intercambio de insultos. Después de ser expulsado, Francia perdió y terminó su brillante carrera con uno de los mayores actos de auto-sabotaje de la historia pública.

Hoy, nadie recuerda todos los detalles de su brillante carrera. Cuando preguntas *"¿Quién es Zidane?"* tristemente todos responden: *"Ahhhhh, aquel hombre que golpeó al otro jugador con su cabeza"*. ¡Wow! ¡Qué tristeza me da! Su lista de méritos es increíble. Ahora, a duras penas la gente se acuerda que fue nombrado el mejor futbolista europeo de los últimos 50 años. Aparte de haber sido Mejor Jugador Del Año FIFA en 3 ocasiones. Considerado por ESPN como jugador del Siglo y Receptor del Balón de Bronce, Plata y Oro. También fue 3 veces ganador del *"Mejor Jugador de la Copa Mundial"*, Premio *"World Soccer"* como mejor jugador del mundo y más de 40 otros premios a nivel internacional. Con el famoso *"cabezazo"* se despidió del mundo deportivo como jugador.

Acá entre nosotros, todos llevamos por dentro un *"Zidanicito"*. Es esa *"vocecita"* que en tu mejor momento te remueve el piso para que te caigas. Cuando se trata de sabotaje, normalmente nos fijamos cuando les sucede a otras personas. Es muy común que veamos los errores que están cometiendo otros. Pero cuando se trata de mirarnos a nosotros mismos, se vuelve un poco más difícil. La mayoría de nosotros no somos conscientes de estos actos o no sabemos cómo lidiar con ellos. Para esto, debemos conocer y comprender sus mecanismos de acción. Sólo así podremos actuar de forma preventiva en el momento que ya sean conscientes.

Definimos auto-sabotaje como patrones de pensamiento y comportamientos que te detienen, te crean problemas en tu vida diaria e interfiere con metas a largo plazo.

Literalmente es jugarte en contra. El origen de la palabra *"sabotaje"* está asociada a las vías de los trenes. La historia nos cuenta que los saboteadores eran franceses del siglo XIX que de noche quitaban las traviesas o pasadores (del francés, *sabot*) que unían las vías del tren. Cuando las locomotoras pasaban sobre las vías sueltas, se descarrilaban.

Se ha comprobado que dentro de la práctica del auto-sabotaje existe una asociación dual de dolor y placer acerca de un mismo aspecto. Es decir, que para lo que sientes placer existe una sensación contraria simultánea. Es una sensación *"agridulce"*. Actuarás dependiendo de cuál de las dos sensaciones experimentes más intensamente. Por ejemplo, el caso de algunas personas que quieren perder peso y ponerse en forma. (de seguro tienes algunos nombres ya) Comienzan con una dieta estricta y hasta pagan 6 meses de gimnasio por adelantado. Le muestran su tarjeta de membresía a todos sus amigos y contratan un entrenador personal. Ponen sus fotos posando con ropa deportiva en sus redes sociales aunque la gente los vea igual por meses. Sin embargo, todos los fines de semana, se abarrotan de dulces y grasas.

Quizás para estas personas, el placer del proceso de tener un cuerpo en forma no sea tan alto como el placer inmediato de reunirse con sus amigos y comer todo lo que les gusta. Terminan sufriendo con el ejercicio, le desagradan las dietas, pierden la motivación y abandonan el proceso. Prefieren comer libremente y mantener unas *"libritas"* de más, porque *¿qué daño tiene tener un poco de barriga?* (¡Por lo menos esta es la historia que se cuentan!) El auto-sabotaje puede tornarse un hábito. Los

141

hábitos son comportamientos o actitudes que repetimos de forma natural, automática y espontánea. Cuando un comportamiento se convierte en un hábito es una señal de que se ha instalado en nuestro subconsciente. Lo haces sin darte cuenta. Por eso, es más fácil verlo en los demás. El psicólogo estadounidense Stanley Rosner, autor del libro *"El Ciclo del Auto-Sabotaje"* (del inglés *The Self-Sabotage Cycle*), afirma que existe una gran variedad de emociones negativas asociadas al auto-sabotaje. La culpa, por ejemplo, es la primera que aparece y a menudo va de la mano con el miedo.

Muchas veces creamos en nuestra cabeza escenarios de lo que es ideal. Cuando finalmente estamos dentro de la escena nos entra el pánico y queremos abandonarlo todo. También existe el temor de perder todo lo logrado hasta el momento por una mala ejecución. La combinación de estos elementos produce un estado emocional paralizante que activa un mecanismo defensivo disfuncional llamado *sabotaje*. Realmente, este sistema intenciona protegernos. El gran problema es que está basado en una creencia irracional.

Pablo le escribió a los Romanos lo siguiente: *"Porque no hago el bien que quiero, pero el mal no quiero, esto hago"* (7:19). Sus líneas explican que hay una batalla intensa entre su entendimiento y la ley de la carne. Concluye diciéndoles que *"su mente agrada a Dios y su carne agrada al pecado"* (7:25). La naturaleza del ser humano es buscar el placer inmediato y resistirse al progresivo crecimiento multidimensional que produce la vida en el Espíritu. Es parte de la misma herencia de la *"mentalidad del árbol"* que obtuvimos del Edén.

Te presento otro ejemplo llamado Jonás. Este gran hombre de oficio profético esperaba su gran misión divina. Cuando la recibe, desobedece yéndose al lado opuesto de su destino. Su nombre significa *"paloma"*, pero su comportamiento inicial fue rebelde con la de un *"cuervo"*. Dios tuvo que intervenir con él en la oscuridad del vientre de un gran pez hasta que la revelación llegó a su corazón y cambió su mentalidad.

Cuando aprendes a hacerte nuevas preguntas, estarás guiando tu cerebro a identificar el problema. Cuando tomas control del problema, debes encontrar las motivaciones saludables necesarias para superar el auto-sabotaje. El gran secreto es tener tu *"por qué"* bien claro. Cuando desarrollas el hábito de hacerte buenas preguntas, tu cerebro se acostumbrará cada vez más a enfocarse en las soluciones. También funciona igual cuando desarrollas el hábito de hacerte repetidamente preguntas centradas en problemas. Problemas siempre generan más problemas. Cuando no obtienes el resultado deseado por el enfoque incorrecto, terminarás creando en tu cabeza todas las justificaciones para sentirte *"mejor"* (La historia que te cuentas).

Comienza con cambiar tu enfoque y las preguntas que te haces constantemente. Identifica que es lo que te apasiona y descubre lo que amas. Concéntrate mejor en el propósito eterno que Dios ha puesto en ti y conéctalo a todas las razones que apoyen lo que estás luchando lograr. Estos son tus *"por qué"*. Cuando tengas un *"por qué"* sólido, tendrás las fuerzas para enfrentar cualquier oposición. No des espacio al miedo. El miedo es un saboteador que se instala en tu mente por la falta de acción. ¡Comienza a actuar! Toma medidas, concéntrate en realizar sus tareas diarias y el miedo no encontrará espacio para asentarse en tu mente. Te lo garantizo.

Declara todos los días lo que dice Joel 3:10 *"Diga el débil: fuerte soy"* Para hablar, debes pensar primero. Por eso, pon los pensamientos de Dios en tu mente porque Él tiene *"pensamientos de paz y no de mal, para darte el final que esperas"* (Jeremías 29:11). ¡Abre tu boca y decláralo!

¡Switch!

1. ¿Qué ves sucediendo en tu futuro si mantienes las cosas como están ahora?

2. ¿Hay alguna área de tu vida en la que sientes que tienes todo lo que necesitas para tener éxito y aún no lo tienes?

SIEMPRE AHORA ES UN BUEN MOMENTO

Recuerdo el momento exacto cuando leí el artículo que a continuación mencionaré. Su impacto en mí fue lo que inició la inquietud de escribir sobre este tema. Sentado en una biblioteca reía mientras leía el artículo titulado *"Reflexiones de un procrastinador en serie"*. Se basa en la elocuente reflexión personal del escritor Francisco Huismane. Su historia comienza así:

"Durante años, he querido ser periodista y escribir historias de impacto con mis dedos martillando el teclado de mi computadora. Quería viajar y escribir sobre mis viajes; Quería aventurarme sin límites; Quería escribir sobre diferentes temas exóticos, la guerra contra las drogas, el descubrimiento de una isla desierta, un gran caso de corrupción política, la exploración de un nuevo planeta o una entrevista exclusiva con una celebridad. También quería escribir sobre mi experiencia haciendo cosas diferentes y extremas. Quería ser una mezcla explosiva entre Miguel de Cervantes, Indiana Jones y Nicholas Sparks. Pero nunca hice nada de eso. Me senté pensando *"hoy es un gran día"*. Tome mi teléfono y jugué un poco. Actualice mi estatus de Facebook un par de veces mientras leía los comentarios cínicos y humorísticos de otros en Twitter.

Luego abrí los periódicos online y presioné la tecla "F5" (refrescar o *"refresh"* en inglés) esperando la gran noticia mundial del momento, como una nueva guerra, una catástrofe global, la muerte de un personaje famoso, la presentación de la sede de la próxima Copa Mundial de la FIFA. No puedo ser un buen reportero si no estoy enterado. ¿Verdad? Bueno, ya el hambre amenazaba así que cociné, comí y lavé los platos. Nada mejor que un buen café después de comer así que me la preparé y me la tomé. Luego me comí una naranja para la buena digestión y limpié la mesa.

Doble la ropa lavada y actualicé mi estado de Facebook (¡de nuevo!), diciendo: *"Aquí en casa doblando ropa"* como si fuera la noticia más importante del mundo. Incluso me di un *"Me gusta"* (Like) a mi propio comentario para apoyarme. Necesitaba librar un poco el estrés del trabajo doméstico así que jugué *Angry Birds* y *Candy Crush Saga*. Al final, me sentí mal por todo esto y apagué la computadora. Ordené los muebles de mi habitación, regué las plantas y encendí la radio. Me alegro de no tener TV porque de lo contrario sería un maratón de películas de comedia, programas, documentales sobre animales de algún país que ni siquiera sé pronunciar o los videos más locos del mundo. Después de barrer, miré por la ventana para ver el clima. Volví a encender la computadora y comenzó todo de nuevo".

De alguna forma, nos identificamos con alguna parte de la historia. Al menos yo si me identifique. Hacemos muchas cosas diariamente y no siempre somos conscientes de cuánto tiempo le dedicamos a cada una de ellas. Según nos dice Eclesiastés 3:1: "*Todo tiene su tiempo, y todo lo que se quiere debajo del cielo tiene su hora.* El punto no es dejar de hacerlas. Es cómo podemos trabajar mejor basado en prioridades establecidas y manteniendo el enfoque. Cuando todo sucede al mismo tiempo y tu enfoque está muy dividido, abres la puerta a la frustración. Memoriza este principio: *"Tu recurso más valioso es tu tiempo".* Tu tiempo es lo único que pierdes y nunca recuperas. Toma conciencia de esto. Tú puedes perder peso, dinero, cabello, una casa, una relación, un negocio y recuperarlo todo.

Si esta historia te hizo pensar o querer cerrar el libro, sólo confirma que estás leyendo el libro correcto. Si la historia de Huisman tiene algún parecido con tu realidad no es una coincidencia. El fenómeno asociado a esta historia es uno de los males que más afecta a la sociedad moderna. Es una epidemia psicológica que gobierna la forma en que las personas piensan y actúan en todo el mundo. Este fenómeno se conoce como *procrastinación.*

Si buscas en Google la palabra *"procrastinación"*, más de 320,000 resultados asociados con este verbo aparecerán inmediatamente en la pantalla. El origen de esta palabra proviene del latín *"procrastinare"* (¡un buen nombre para tu próximo hijo!) y significa *"postergar, aplazar"*. La enciclopedia en línea Wikipedia define este fenómeno como un *"trastorno de conducta que tiene sus raíces en la asociación de la acción para efectuar el cambio. Es una asociación entre dolor y malestar (estrés) por el cambio que tiene que ser hecho"*.

¡Relájate! No te sientas mal si este es tu caso. La historia registra a muchas personas famosas que practicaron la procrastinación, incluyendo el ex-presidente americano, Bill Clinton, Tenzin Gyatso, mejor conocido como el Dalai Lama, el escritor francés Víctor Hugo y el teólogo del Siglo IV, San Agustín. Aunque no lo crea, el genio renacentista Leonardo Da Vinci también está en la lista. Da Vinci rara vez completaba los pedidos a tiempo por lo que recibía amenazas constantes de sus clientes.

Es fácil pensar que los procrastinadores son personas desorganizadas o que no saben que tienen que hacer para empezar sus proyectos. Las investigaciones revelan que esto no es exactamente preciso. Recientes estudios muestran que la mayoría de los procrastinadores son buenos en la elaboración de planes. En sus mentes, conocen el proceso y cada paso que deben dar hacia su objetivo y les encantan hacer listas de tareas pendientes. Cuanto más larga sea esta lista, mejor se sienten.

En muchos casos hay una estructura o plan básico que hasta le causa emoción y satisfacción. El gran problema está en transformar esa sensación en ejecución para resultados.

La procrastinación es una forma disfuncional de disminuir la ansiedad que se genera antes de completar una tarea pendiente. Nuestro instinto de auto-protección busca evitar el dolor y tener satisfacción. Para muchos, hacer una lista de tareas es suficiente para disminuir su dolor porque elimina presión aunque no resuelva nada. Lo mismo que existen personas que piensan que con hacerse socios de un gimnasio ya perderán peso. La solución siempre será tomar una decisión, hacer un plan y actuar. La gente promedio tiene buenas ideas pero los legendarios sobresalen por su ejecución. No bajes tu ejecución al nivel de tu comodidad. El secreto es elevar nuestro nivel de juego gradual y constantemente.

Evalúa tu corazón con mucha sinceridad e identifica lo que realmente está interrumpiendo tu oportunidad. Ponle nombre a aquello que te está paralizando entre tu plan y la acción. Dice Filipenses 2:13 que es *"Dios es el que en vosotros produce así el querer como el hacer, por su buena voluntad"*. Su poder trabajando a través de ti puede romper esta barrera mental. Sólo el hecho de comenzar te dará impulso hasta que entres en el proceso de conquista. En el siguiente principio, te explicaré diez (10) acciones poderosas para romper el ciclo de la procrastinación.

¡Switch!

1. ¿Qué distracciones tienes que eliminar de tu vida para comenzar tus proyectos?

2. Para este proyecto que aún no puede concretarse, ¿has definido tu "por qué"?

TIENES EL PODER DE ROMPER EL CICLO

El fenómeno del auto-sabotaje es un misterio para muchos en el campo de la psicología. Recientemente, el Dr. Sean McCrea y su equipo de psicólogos de la Universidad de Konstanz en Alemania, indicó que las personas se mueven fácilmente a tomar decisiones cuando las tareas son específicas. Cuando la tarea tiene alguna ambigüedad o abstracción, la gente tiende a elegir una actitud de postergación.

Otro hallazgo interesante fue que parece que la procrastinación está muy influenciada por la forma en que se presentan las tareas. De ser así, esto implican que los elementos como las palabras, gestos, tono de voz, tiempo y contexto en el que se le presentan las tareas pueden tanto inducir como prevenir el fenómeno de la procrastinación. Una persona sin auto-confianza también anula su capacidad para resolver de forma exitosa los desafíos. También pareciera que los procrastinadores tienden a ser perfeccionistas, impulsivos, faltos de auto-control y propensos a desarrollar estados depresivos cuando se enfrentan a una tarea compleja. Aunque finalmente hacen en el último momento aquello que se habían propuesto, les queda un sentimiento de culpa y una sensación de falta de voluntad.

La Dra. June Hunt, terapeuta y líder de un poderoso ministerio de consejería mundial, propone diez consejos esenciales para superar con éxito la creencia limitante de la procrastinación.

Consejo 1: Reconoce que el *"dejar para después"* sofocará tu motivación. La falta de acción terminará drenando tus energías. *"El deseo del perezoso le mata, porque sus manos no quieren trabajar"* (Proverbios 21:25)

Consejo 2: Dile a Dios en honestidad lo cansado que estás de luchar contra el reloj. Te aconsejo que ores por sabiduría y revelación del uso de tu tiempo. *"Porque para todo lo que quisieres hay tiempo y juicio; porque el mal del hombre es grande sobre él"* (Eclesiastés 8:6)

Consejo 3: Lleva un registro de tus actividades, momentos importantes y cosas por hacer. Clasifica la prioridad de cada tarea entre *"importante"*, *"puede esperar"* y *"delegarla"*.

Ponle horarios para todas las actividades. "... *Porque allí hay un tiempo para todo lo que se quiere y para todo lo que se hace"* (Eclesiastés 3:17)

Consejo 4: Reúsate a especializarte en lo *"trivial"*. No puedes ser el mejor en lo segundo. La clave es mantener lo *"principal"* como *"lo principal"*. Cada día, debes priorizar máximo las cinco tareas más importantes a realizar y luego atáquelas en ese mismo orden. "*...el que sigue las búsquedas vanas, tendrá pobreza en abundancia"* (Proverbios 28:19)

Consejo 5: Evalúa el tiempo necesario para completar cada proyecto. Se realista. Luego, agregue tiempo adicional para los *"imprevistos"* como interrupciones inesperadas, revisiones y demoras. "*Porque ¿quién de vosotros, queriendo edificar una torre, no se sienta primero y calcula los gastos, a ver si tiene lo que necesita para acabarla? No sea que después que haya puesto el cimiento, y no pueda acabarla, todos los que lo vean comiencen a hacer burla de él"* (Lucas 14: 28-29)

Consejo 6: Resiste la tentación de sentirte culpable ante los imprevistos. Continúa perseverando y al día siguiente, nuevamente dales máxima prioridad a las cinco tareas más importantes. *"No perdáis, pues, vuestra confianza, que tiene grande galardón; porque os es necesaria la paciencia, para que habiendo hecho la voluntad de Dios, obtengáis la promesa"* (Hebreos 10: 35–36)

Consejo 7: Reconoce tu diálogo interno negativo cuando te atascas emocionalmente. Es una señal que debes ser capaz de identificar rápidamente. Por lo general, se activa la *"visión fatalista"* y empiezas a ver problemas en todo. Frases comunes son: *"Porque a mí otra vez" "Bueno que me pase por..."* y *"Yo y mi mala suerte"*, entre otras. Cuando esto pase, cambia de inmediato la sintonía de tus pensamientos. Tu diálogo interno debe agradar a Dios y reflejar la verdad en tu vida. *"Sean gratos los dichos de mi boca y la meditación de mi corazón delante de ti, Oh Jehová, roca mía, y redentor mío".* (Salmos 19:14).

Consejo 8: Pídele a un amigo o conocido que te ayude si la lucha para comenzar algo está presente. *"El camino del necio es derecho en su opinión; Mas el que obedece al consejo es sabio".* (Proverbios 12:15)

Consejo 9: Entrega tu vida a Cristo y dale el control total. *"Con Cristo estoy juntamente crucificado, y ya no vivo yo, más vive Cristo en mí; y lo que ahora vivo en la carne, lo vivo en la fe del Hijo de Dios, el cual me amó y se entregó a sí mismo por mí"* (Gálatas 2:20)

Consejo 10: Reclama las promesas de Dios de proporcionarte todo lo que necesitas para tu victoria en Cristo. *"Como todas las cosas que pertenecen a la vida y a la piedad nos han sido dadas por su divino poder, mediante el conocimiento de aquel que nos llamó por su gloria y excelencia, por medio de las cuales nos ha dado preciosas y grandísimas promesas, para que por ellas llegaseis a ser* *participantes de la naturaleza divina, habiendo huido de la corrupción que hay en el mundo a causa de la concupiscencia"* (2 Pedro 1: 3 –4)

La palabra clave aquí es *"disciplina"*. La disciplina es la fuerza que forma al discípulo. La disciplina es fundamental para progresar. Cuando actuamos con disciplina reforzamos nuestra auto-estima. Cada vez que ponemos en práctica la disciplina nos sentimos más alegres, vibrantes y satisfechos con nosotros mismos. Sobre todo por haber dejado a un lado las excusas y hacer aquello que requiere más determinación en pro de nuestra satisfacción. Es una de esas habilidades fundamentales que hace la vida más fácil y ayuda a hacer realidad los sueños.

¡Switch!

1. ¿Piensas que eres incapaz frente a nuevos desafíos?

2. ¿Cuál es el diálogo interno que te domina: *el positivo o negativo*?

TRANSFORMA TUS RESOLUCIONES EN REVOLUCIONES

Dios reveló este principio a mi vida después de una noche de año nuevo. Además de celebrar en familia, tiendo a reflexionar retrospectivamente acerca del año que acaba de pasar y me comienzo a preparar para la nueva temporada. De alguna manera, siempre termino haciendo algo que millones de personas en todo el mundo también hacen: *las famosas resoluciones.* También conocidas como *"promesas del nuevo año".*

Curiosamente, muchos de nosotros comenzamos nuestras famosas *"resoluciones"* de año nuevo con frases como estas: *"Este es mi tiempo", "Este año sí que voy a...", "Ahora sí que se acabó, voy a...", "De este año no pasa..."* mientras que otros se preguntan con duda: *"¿Será este el año?".* No estoy juzgando tus buenas intenciones de mejorar. Todos las tenemos de alguna forma. Más ya aprendiste en las secciones anteriores que la declaración es el comienzo de un proceso, pero no una garantía de cumplimiento. De nuevo, *"sueños sin planes son pesadillas".*

El 1 de enero de 2013, la Revista Forbes publicó un estudio de la Universidad de Scranton, donde se reveló que sólo el 8% de las personas logran cumplir sus resoluciones de nuevo año. ¡Sí, leyó bien! Puesto de otra forma, significa que 8 de cada 100 personas que declaran sus deseos son capaces de cumplirlos. Aún más alarmante para mí fue la lista de las principales resoluciones hechas por las personas encuestadas. Quizás ya te estés sospechando cual fue el primer lugar: ¡Sí! ¡Perder peso! Luego siguió tener más organización, administrar mejor el dinero y disfrutar la vida al máximo. ¡Lo más triste para mí fue ver que más tiempo en familia era la número 10 en la lista de prioridades!

La primera mitad de la lista se asoció con la imagen externa. Pareciera que lucir bien y estar en la última moda es lo principal. Al final de la lista está ayudar a los demás y pasar más tiempo con la familia. Posiblemente esto explique muchas de las cosas que vemos dentro de nuestra sociedad. Una persona con mentalidad de *"sartén grande"* evalúa constantemente sus prioridades de vida. A veces pueden cambiar sin darnos cuenta. No estoy diciendo que llegar al peso ideal o tener una mejor condición financiera esté mal. Claro que yo también las deseo.

Pero, pregúntate: *¿Vale la pena tener éxito, salud y buenos ingresos si no tendrás personas especiales a tu alrededor para celebrar? ¿Tiene sentido?* Para mí, no lo tiene. La conciencia y activación del propósito eterno en mí hace que convierta mis resoluciones en revoluciones.

De hecho, la palabra revolución también es un término utilizado en las ciencias físicas. Significa el proceso de rotación de un objeto pasando por el punto de partida original dentro de un cierto período de tiempo. Si te das cuenta, las siglas *"RPM"*, que significa *"Revoluciones Por Minuto"*, están escritas en el tablero de tu automóvil. Cuanto más aceleras el motor de tu auto, más sube la aguja. Esto es un indicador que mide cuántas veces el cigüeñal del motor realiza una rotación completa por minuto para llegar a una mayor velocidad.

La pregunta clave es: *"¿Qué debo hacer para pasar de una resolución a una revolución?" "¿Cuáles son las acciones poderosas que tengo que tomar para mantener mi vida en movimiento?"* Me alegro de que lo hayas preguntado, porque aquí están las estrategias.

Acción 1: Define lo que quieres con el mayor nivel de detalles que puedas. Imagina esa meta como una imagen de cine en alta definición. La Biblia dice en Proverbios 21:5 que *"los pensamientos de los diligentes tienden a la abundancia, pero los que tienen prisa, solo a la pobreza"*.

Acción 2: Crea un plan general dividido en pequeños y específicos pasos. Cuando ves el logro de tu meta por fases sentirás control y no te abrumará. Debes transferir los sueños de la cabeza al papel. Tu plan debe ser detallado, con pasos, tiempo y recursos para comenzar a materializar tus sueños. En 1 Corintios 9:24 nos dice que debemos *"correr de tal manera que puedas alcanzarlo"*.

Acción 3: Cambia tu entorno. Tienes el poder de transformar tus atmósferas. Mira a tu alrededor y elimina lo que este de más. Especialmente aquello que sea una distracción. Todos ejercemos algún nivel de influencia en nuestro entorno. También sabemos que los entornos ejercen influencia sobre nosotros.

Puedes incluso usar el ambiente a tu favor para que se torne en un impulsador. Así podrás conseguir más resultados requiriéndote menos esfuerzo. El principio se encuentra en Hebreos 12:1: *"Por tanto, nosotros también, teniendo en derredor nuestro tan grande nube de testigos, despojémonos de todo peso y del pecado que nos asedia, y corramos con paciencia la carrera que tenemos por delante"*

Acción 4: Comprométete. ¡Sigue los pasos del plan en el momento justo y de la manera adecuada! Adopta una actitud ganadora. Tu forma de demostrar compromiso es tomando acción masiva y decidida. 2 Crónicas 15:7 dice: *"Pero esfuérzate, y no se cansen tus manos; porque tu trabajo tiene recompensa "*.

Acción 5: Evalúa constantemente tu progreso. Valida lo que funciona y cambia lo que no funciona hasta que obtengas lo que deseas. La Biblia dice: *"Mirad, pues, con diligencia cómo andéis, no como necios sino como sabios, aprovechando bien el tiempo, porque los días son malos"*. (Efesios 5: 15-16)

Acción 6: ¡Mantente enfocado! La prioridad es mantener la prioridad como prioridad. Administra bien tu tiempo y elimina las distracciones. Hay cosas que son urgentes, importantes, delegables y no importantes. Debes aprender a discernir las diferencias entre ellas. Si no vivirás distraído, haciendo cosas que no te tocan o agotado. Colosenses 3:2 nos invita a fijar nuestra mirada en las cosas de arriba, no en las de la tierra.

Acción 7: ¡Aprende, aprende, aprende! No hay fracasos, sólo resultados. Las personas con un *"sartén grande"* transforman los aparentes fracasos en un aprendizaje profundo que mejora su futuro. Declare conmigo: *"Oirá el sabio, y aumentará el saber, Y el entendido adquirirá consejo"* (Proverbios 1:5)

Acción 8: Encuentra personas alineadas a tus ideas. Las personas con las que te comunicas a diario pueden tener una gran influencia sobre tu forma de pensar. Así que elige sabiamente con quién pasas el tiempo. Deja a los que te deprimen y no tienen aspiraciones. Elimina las personas tóxicas de tu vida y comienza a buscar personas con tu misma mentalidad grande. Dice Amós 3:3 *"Podrán caminar dos juntos, si no estuvieran de acuerdo?"*

Acción 9: Apasiónate del proceso. La vida se trata de procesos. No hay nada valioso que sea instantáneo. En segundo lugar, disfruta cada minuto del proceso. Mira lo que nos recomienda Salmos 37:4: *"Deléitate así mismo en el Jehová, y él te concederá las peticiones de tu corazón".*

Acción 10: Practica la gratitud. Gratitud es el sentimiento de valoración y estima de un bien recibido, espiritual o material, el cual se expresa en el deseo voluntario de correspondencia a través de las palabras o a través de un gesto. La palabra gratitud proviene del prefijo latín *"gratus"* que significa *"agradable"*. La revista médica de la Universidad de Harvard afirma que *"existe una fuerte relación entre la gratitud y la felicidad. La gratitud nos ayuda a ser más positivas, disfrutar de los buenos momentos de la vida y afrontar mejor los problemas. También mejora la salud y ayuda a construir relaciones más sólidas".*

La Biblia dice que debemos estar agradecidos en todo momento, porque esa es la voluntad de Dios (1 Tesalonicenses 5:18). No vamos a ser felices simplemente diciendo *"gracias"* de vez en cuando. Necesitamos tener una actitud de gratitud. Esta actitud también nos protegerá de la envidia y el resentimiento que son drenadores de alegría y repelentes de personas.

A veces pensamos que sólo debemos ser agradecidos por las *"cosas grandes"* o transcendentales que nos pasan (si le podemos llamar de esta manera) Sin embargo, piensa conmigo: *"¿Qué milagro más grande existe que un día más de vida?"* Si estás de acuerdo conmigo, entonces debemos concluir que vivir con agradecimiento es una práctica diaria y constante. En otras palabras, no es un acto si no un estilo de vida. Esto cambia la perspectiva completamente del concepto agradecimiento.

Ser agradecido puede conectarnos con las cosas simples, no tan simples y valiosas de la vida. Puede ayudarnos a estar presentes en las experiencias de una forma activa, conscientes del estar vivo y las posibilidades extraordinarias que conlleva vivir. Te garantizo que si practicas constantemente estas poderosas acciones, comenzarás con *"el pie derecho"* una nueva temporada en tu vida. Conecta tus sueños a una estrategia poderosa y camina hacia la vida abundante que Dios nos permite tener.

¡Switch!

1. ¿Con cuál resultado estás comprometido?

2. ¿Cómo puedes ser más agradecido con Dios y con las personas?

Y AHORA...¿CUÁLES SON LOS PRÓXIMOS PASOS?

Estoy consciente de que este libro contiene mucha información que debe estudiarse y comprenderse en profundidad. Esto puede tomar un tiempo. Hay muchos principios desafiantes que están tocando niveles profundos de tu corazón. Acabas de cambiar tu viejo *"sartén"* por una *"paellera"*. Tu capacidad se ha ampliado. Tu forma de pensar puede cambiar en un instante pero mantener una nueva forma de pensar requiere práctica, disciplina, concentración y tiempo a lo largo de la vida. De seguro lograrás esto y mucho más de lo que soñaste.

Este libro te hizo consciente de que no fuiste creado para sobrevivir, sino para sobreabundar. Te espera una vida aún más extraordinaria. No tengo ninguna duda de que eres una persona llena de recursos valiosos, con sueños extraordinarios y con muchas ganas de ver nuevos resultados. Recuerda que la forma de ver resultados diferentes es haciendo cosas diferentes. Siempre nuestras nuevas acciones serán producto de nuestra nueva forma de ser. La secuencia para resultados siempre es la misma: *ser, hacer y tener*. Una cosa importante para deseo volverte a recordar: *"La palabra que escuchas no es la que te cambiará, sino la que creas".* Tenemos que ser como el abejorro que vuela sin saber que no puede. No creas las cosas negativas y limitantes. Mi intención es motivarte a comprender la Palabra Eterna que sustenta los principios. Al fin y al cabo, las llaves de transformación, los ejemplos y las historias son sólo vehículos para ilustrar las verdades eternas.

Si aún no conoces a el *"Coach de Coaches"*, Aquel que con Su Palabra formó el Universo, el Maestro de Galilea que supo cambiar el destino de las personas con una mirada, pues te invito a que consideres hacerlo parte de tu vida. Haz de Jesucristo tu *"destino"*. Él quiere darte vida y en abundancia. La sobrevivencia no hace parte de Su plan para ti. Fue Él quien pagó un alto precio por todos nosotros. La vida que poseemos no es una fabricación humana, una energía que flota por ahí, una línea del tiempo o un ideal filosófico. La vida es una persona y se llama Jesús. Él es *"el camino, y la verdad, y la vida..."* (Juan 14:6) La Biblia dice que *"Y este es el testimonio: que Dios nos ha dado vida eterna; y esta vida está en su Hijo. El que tiene al Hijo, tiene la vida; el que no tiene al Hijo de Dios no tiene la vida"* (1 Juan 5: 11-12)

¡Queremos escuchar tu historia! Por favor, envíanos tus comentarios y testimonios de transformación a nuestro correo electrónico: **info@DrBenny360.com**

También te invito a que visites nuestras páginas web:

www.DrBenny360.com
www.CambiaTuSarten.com

Allí podrás encontrar toda nuestra información, servicios, formularios para invitaciones, eventos y tienda online con otros productos que te ayudarán a seguir creciendo en tu propósito.

Síganos en las principales redes sociales bajo el nombre
@DrBenny360

¡Ten siempre las más altas expectativas! ¡Sigue caminando! ¡Recuerde que estás diseñado para prosperar! Ahora que tu "*sartén*" es más grande, agarra tu "*caña de pescar*" y vámonos juntos a atrapar el mejor y más grande pez disponible para ti. ¡Te lo mereces!

10 HERRAMIENTAS PARA GENERAR RESULTADOS EXTRAORDINARIOS

Es un privilegio para mí poder compartir contigo una serie de herramientas prácticas, fáciles y efectivas que te ayudarán a desarrollar una mente enfocada en resultados. Estos son principios que he probado por más de 20 años para generar un mayor rendimiento y calidad de vida. Considera esta Guía como mi regalo especial para ti.

Ya que conoces los principios sobre cómo podemos cambiar nuestra forma de pensar, te encuentras en una posición estratégica para desarrollar tu propia fórmula de éxito. Como todo proceso de cambio, debes hacer las modificaciones necesarias que te permitan disfrutar un nuevo nivel de vida. ¡Comencemos!

Una de las cosas más fascinantes de estudiar es el cerebro humano. Cada vez que aprendo algo de su diseño grito "*¡Wow!*" Es sencillamente increíble. Nacemos con alrededor de 100 mil millones de células nerviosas llamadas *neuronas*. Cada una tiene la capacidad de crear un promedio de 7,000 conexiones neurales con otras células. A la edad de tres años, ya debemos tener alrededor de 1 billón de conexiones. En la etapa de la adultez, el número se reduce radicalmente a un aproximado de 500 millones de conexiones. Desafortunadamente, dejamos de usar muchas áreas de cerebro por diferentes razones y las conexiones se pierden.

Para darte una idea del poder que hay dentro de tu cabeza, tenemos más conexiones neuronales que el total de estrellas estimadas en la Vía Láctea. Nuestra capacidad de almacenamiento y procesamiento de información representa alrededor de 20 millones de libros de 500 páginas cada uno. Esto es más que la suma de todos los textos que se encuentran actualmente en todas las bibliotecas de la Tierra! Si eso no te hace gritar "*¡Gloria a Dios!*" verifícate el pulso, por favor.

Cuando los expertos en neurociencia estudiaron el cerebro de Albert Einstein, posiblemente el genio más notable de la era moderna, se dieron cuenta de algo asombroso. Su cerebro era del mismo tamaño y estructura que cualquier otro cerebro mortal. Muchos pensaban que tenía partes "*extras*" o que era más grande que el cerebro promedio. Realmente, la hipótesis era falsa.

Lo que hacía extraordinario su cerebro era que tenía 10 veces más conexiones neuronales que una persona normal. No era la estructura sino la forma en que usaba su cerebro. Este genio podía ver una situación desde 10 perspectivas diferentes simultáneamente. Su biografía cuenta que su visión del mundo se optimizó cuando cambio la pregunta de *"¿por qué?"* por *"¿y por qué no?"* Su forma de cuestionar la realidad abrió la puerta a un mundo desconocido de posibilidades.

El icono mundial de la democracia y la justicia social, Nelson Mandela declaró una gran frase que resume la idea que estoy procurando explicar: *"Eres el capitán de tu alma y el Maestro de tu destino"*. Nadie es responsable por nuestro éxito. Nuestro destino está en nuestras manos. Tenemos autoridad dada por Dios sobre lo que pensamos, sentimos y hacemos. Se llama dominio propio. Una cualidad común entre las personas exitosas es que no viven reclamando ni culpando a otros. Fuimos creados con la capacidad de escoger y tener libre albedrío. Este poder es respetado por Dios al punto de que nuestra propia salvación se basa en nuestra decisión por Él. Lea Juan 3:16 con atención. Dice que el regalo de incalculable valor, la salvación de nuestras almas, está sujeto a nuestra decisión.

Muchos libros y entrenamientos para el desarrollo personal hablan sobre el arte y la ciencia del establecimiento de metas. Esencialmente la vida se trata de metas constantes. Ten Paz porque hablar en estos términos de ninguna manera es incorrecto o va contrario a lo que enseña la Biblia.

En Hebreos 13:7 dice: "*Acordaos de vuestros pastores, que os hablaron la palabra de Dios; considerad cuál haya sido el resultado de su conducta, e imitad su fe*". Es importante pensar, producir, evaluar y mostrar a otras generaciones los resultados de nuestra vida. Frutos es otra palabra que la Biblia usa para hablar de resultados. Fue lo primero que Dios le dijo al espíritu del hombre: "*¡Fructifica y multiplícate!*". Entonces, somos productores de resultados por diseño. Esto es algo importante que nunca debes olvidar.

Volvamos un momento al cerebro humano. Su anatomía consta de dos mitades o hemisferios. En el hemisferio izquierdo se encuentran los centros de control racional y analítico. El lado derecho se enfoca en lo artístico y creativo. Después de nuestros primeros años de escuela, las clases se centran más en lo racional y estructurado y no tanto en la estimulación de nuestra imaginación.

Por supuesto, que todavía usamos nuestra capacidad del lado derecho pero no de la misma forma que al inicio de nuestra vida. Esto es peligroso para nuestro destino. Nuestra mente creativa es el lugar donde tenemos la oportunidad de formar los sueños. *¿Entonces será que ya no necesitamos el lado derecho?*" Por supuesto que lo necesitamos. *¿De dónde crees que vendrá tu estrategia?* Más no dejes que la mente racional / lógica silencie tu extraordinaria capacidad de soñar. El Dr. Martin Luther King, Jr. dijo: *"Tengo un sueño"* pero no se quedó allí. El Dr. King también tenía una estrategia que nació en el lado izquierdo de su cerebro y que le hizo cambiar el curso de una nación.

El Dr. Stephen R. Covey, conocido experto en liderazgo y autor de *"Los 7 hábitos de las personas altamente efectivas"* aconseja en su libro *"Empezar con el fin en mente".* ¡Qué principio tan poderoso! Pienso que liberar nuestra imaginación y fe es visitar nuestro futuro. Una vez lo vimos, le comenzamos a dar forma al plan para manifestarlo. El autor de la carta a los Hebreos escribió *"El Salón de la Fama de los Campeones de la Fe"* descrito en el Capítulo 11. Allí se define fe como *"la certeza de lo que se espera y la convicción de lo que no se ve".* Es verlo antes de verlo. Si das gracias cuando ves algo, ya no es fe, es gratitud. Lo difícil es ser agradecido antes de verlo manifestado en el mundo físico.

En la siguiente sección, te presentaré una lista de diez (10) herramientas probadas para desarrollar excelentes resultados. Son llaves para empezar a ver los resultados que tus ojos no creerán. ¡Prepárate para un cambio!

1. Activa tu imaginación y crea la imagen de tu futuro deseado: Primero, piense en todas las cosas con las que sueñas. Te hablo de lo que te gustaría *ser, hacer y tener* en tu vida futura. Debes estar convencido de que te mereces estas cosas y alineadas con tus valores personales. Tus emociones te lo van a dejar saber inmediatamente. Cuando esa imagen está en tu mente te debe traer felicidad a nivel personal y profesional. Elige un momento específico en el tiempo en el que esta *"imagen deseada"* será transferida de tu cabeza y se convertirá en una realidad.

Un buen ejercicio que enseñamos en coaching se llama el *"Muro de la Vida Abundante"*. La idea principal es dibujar, pintar o construir un mural de imágenes asociadas a tu estado deseado. Te invito a que lo hagas. ¡Atrévete a soñar en grande! Mantén este montaje visible para que te mantengas conectado a tu futuro. Obtener claridad sobre lo que quieres y el por qué lo quieres es un comienzo importante en el proceso de construcción de destino.

2. Crea el estado: Las imágenes de tu futuro deben estar vinculadas a sentimientos fuertes. Debes sentir la emoción de crear esa nueva versión de ti en el futuro. Las emociones saludables te empoderan y crean anclas con esta imagen. A esto es lo que llamamos crear un estado. Observa y registra los sentimientos que te lleguen. Escríbelos en una hoja de papel y no permitas que tu lado izquierdo / lógico te limite. Algunas reacciones de temor podrían ser una señal de la presencia de miedos irracionales que aún tienes que eliminar. Este es un buen momento para tomar conciencia de la resistencia, ya que si no se convertirá en un bloqueo más adelante.

3. Pon intención en tu acción: En este paso, debes conectar tu gran visión personal con un conjunto específico de intenciones. Sí, me escuchaste bien: *intenciones*. La intención es la verdadera razón por la que hacemos lo que hacemos. Son las motivaciones que nacen de nuestro *"por qué"*. Las metas se crean en el lado izquierdo del cerebro. El lado izquierdo elige nuestros objetivos y analiza constantemente nuestra realidad actual. El establecimiento de metas es un ejercicio altamente cognitivo y seguro para mantenernos en marcha. En contraste, el combustible de las metas son las emociones. Nuestras intenciones crearán un mayor compromiso y una acción consistente. Estas nacen del corazón en lugar de la cabeza. Por lo tanto, las intenciones están menos plagadas de miedo al fracaso. La idea central es que te muevas de evitar el *"dolor de la vida"* a considerar el éxito de forma intencionada.

4. Asocia los pensamientos a las emociones empoderantes: El conocimiento, las habilidades y la actitud son tres de los ingredientes más importantes de cualquier nivel de éxito. Generalmente, pensamos que están distribuidos en partes iguales pero en realidad es diferente. Los expertos de la Universidad de Harvard dicen que el conocimiento sólo representa el 15% y el restante 85% es actitud. Los *"datos"* en nuestro cerebro (15%) se activan y operan dentro de nuestro *"sistema operativo"* a través de nuestras emociones. Es por eso que necesitas conectar tus pensamientos con los estados emocionales saludables para potencializar tu proceso. Los pensamientos son la visión. Las emociones el combustible para convertir las imágenes en realidad.

5. Piensa correcto y confía en el proceso: La felicidad no depende de alcanzar nuestras metas. No soy feliz porque compré una casa nueva. Tampoco debemos decir *"Yo realmente seré feliz cuando..."* El principio es porque soy feliz primero puedo tener cosas nuevas. Soy feliz para tener, no tengo para ser feliz. Si pones tu felicidad en las cosas materiales o en personas, el día que no las tengas, también tu felicidad se habrá ido. Recuerda que primeros *"somos"* para luego "hacer" y como efecto "tener".

Esto puede ser un desafío para nosotros ya que vivimos en un mundo que nos ha condicionado a buscar el control de todo. El ser humano ama la estabilidad. Por eso nos resistimos muchas veces a los cambios. Nos encanta tener todo planeado y evitar las sorpresas. Es una actitud que va en contra a vivir y caminar por fe. Puedes tener el control de todo o ser feliz, pero no puedes tener ambas cosas al mismo tiempo. ¡Elige la felicidad!

Necesitamos aprender y practicar el arte de la flexibilidad. Los edificios más altos del mundo son bien flexibles. Si no lo fueran, se quebrarían por los vientos y movimiento de la tierra. Aprende a entregarte, aceptar y confiar en el proceso de Dios. En Sus manos estarás más que seguro. Recuerda que Sus planes son de bien y no para dañarnos. Él tiene planes esperanzadores para el futuro (Jeremías 29:11).

6. Elige hoy la felicidad: La felicidad y el éxito son estados que podemos crear aquí y ahora. Nuestra decisión de ser felices es una acción inmediata que iniciamos en el presente. Simplemente decida que este es el estado que desea experimentar y comience a sonreír. Esto puede parecer muy obvio y simple (y lo es) más hemos sido condicionados a ver la felicidad como algo difícil, inalcanzable y exclusiva para los más afortunados. No acepto eso. La felicidad es una decisión que te cambia tu genética espiritual, emocional y física. No condiciones tu felicidad a eventos, personas o dinero como ya mencionamos. Elimina de tu cabeza esos pensamientos de *"sartén pequeño"*. Esto es una trampa mental. La felicidad puede comenzar ahora mismo. La elección es siempre nuestra.

7. Practique siempre gratitud: Aquellos que eligen la felicidad saben que un ingrediente clave de su fórmula para el éxito es aprender a ser agradecidos. Dice la coach de vida, Silvia Guarnieri, que la gratitud es *"una emoción que nos invade cuando pensamos que lo que tenemos es bueno y adecuado para nosotros, cuando podemos valorar lo que nos ofrece la vida y es, además, una actitud que podemos cultivar con la mente"*.

Se ha encontrado que las personas que practican la gratitud como algo consistente en sus vidas reportan tener sistemas inmunológicos más fuertes y presión sanguínea más baja. También niveles más altos de emociones positivas, mayor nivel de optimismo, actúan con más generosidad y tienen pocos sentimientos de soledad y aislamiento. Siempre busca lo positivo en todas las cosas. La autora Melody Beattie dijo que *"la gratitud le da sentido a nuestro pasado, trae paz a nuestro presente y crea una visión para el mañana"*.

8. El éxito es una inversión: El coach Tommy Newberry dijo: *"El éxito no es un accidente"*. La gente exitosa no es más afortunada o tienen más suerte que los demás. Ellas invierten, trabajan y crean buenos hábitos para tener los merecidos resultados extraordinarios. El nivel de dificultad del éxito siempre estará relacionado con nuestra creencia de posibilidad. Si crees que tu éxito es posible, será más fácil. Si crees que es imposible, no importa lo que hagas será muy difícil y frustrante. Las puertas se abren con nuestra personalidad, pero tu carácter las mantendrá abiertas.

No se deje impresionar por los dones y las habilidades de las personas. Esto no impresiona a Dios. Lo que impresiona a Dios es el fruto y no el carisma. Los frutos son el resultado del tiempo, del cuidado y de una inversión. Debemos comprometernos con rutinas diarias que sean buenas y poderosas. Algunas buenas ideas son leer y meditar en la Palabra de Dios, estar con las personas que amas, aprender, conversar, y cuidar tu salud. Estas son las *"semillas"* que eventualmente prosperarán en tu vida.

9. Conexiones en múltiples niveles: Las relaciones son cruciales para nuestro bienestar y felicidad. Es muy importante que te conectes con las personas correctas. Si te conectas con una persona por su éxito y resultados mas no pensando en lo que aportará esta persona a tu propósito, estarás cometiendo un grave error. Esto tiene que ver con tu diseño y para lo que fuiste creado. Debes ver como ésta conexión te va a llevar al próximo nivel y como tú ayudarás a esta persona a conectarse con su propósito.

Algunas conexiones te van a ayudar por una temporada y otras caminarán contigo por toda una vida. Las relaciones con propósito son una catapulta para poder alcanzar las cosas que han sido destinadas para ti en esta temporada de tu vida. Es posible conectarte con una persona buena, exitosa e inteligente, pero si no están llamados a estar conectados el uno con el otro, la relación no funcionará y el propósito no se cumplirá. Pertenecer a un grupo o comunidad nos da un sano sentido de identidad. No sólo ayuda a la identidad, sino también nos hace sentir que somos parte de algo más grande que nosotros mismos. Los investigadores también encontraron que las personas con fuertes conexiones sociales tienen menos problemas de salud relacionados con el estrés, un menor riesgo de enfermedad mental y una recuperación más rápida de un trauma o enfermedad. La Biblia enseña que *"mirad cuán bueno y cuán delicioso es habitar los hermanos juntos en armonía!"* (Salmos 133:1)

10. Cultiva el significado de tu vida: Los grandes líderes actúan motivados por llamados, relaciones y actividades significativas. En nuestra asignación lo que le da sentido a lo que hacemos. Algunas personas parecen pasar toda su vida insatisfechas, en busca de un propósito.

El célebre profesor Iddo Landau de la Universidad de Haifa en Israel escribió el libro *"Encontrando significado en un mundo imperfeto"* (del inglés *Finding Meaning In An Imperfect World*) dice que las personas se equivocan cuando sienten que sus vidas no tienen sentido. El error se basa en su incapacidad para reconocer lo que realmente importa, en lugar de centrarse demasiado en lo que creen que les falta. El punto que hace pivotear la perspectiva es la capacidad de plantearse preguntas relevantes que cambie nuestros puntos de vista.

Hay vida encerrada en todos estos principios. Estúdialos con detenimiento y sobre todo colócalos en práctica. Hay áreas que requieren más atención que otras. Es normal. Sin embargo, ahora que tienes conciencia se te hará mucho más fácil. Anota todos tus logros y celebra cada uno de ellos. Ya te puedo ver a un nuevo nivel de vida. Este es mi deseo genuino para ti.

ACERCA DEL AUTOR
DR. BENNY RODRÍGUEZ

Psicólogo, coach, autor y conferencista internacional. CEO y fundador de Vida 360 y la AcademiaDeAutores.com Ha inspirado y equipado líderes en 15 países incluyendo su natal Puerto Rico y en más de 35 ciudades de Brasil. Posee un Bachillerato en Psicología, Maestría en Coaching y Doctorado en Psicología Clínica. Está certificado como Master Coach, Analista de Perfiles de Comunicación y Practicante en Programación Neurolingüística. Ha trabajado con más de 150 empresas y organizaciones alrededor del mundo. Reside con su familia en Orlando, Florida - USA.

www.DrBenny360.com
www.CambiaTuSarten.com

   @DrBenny360

UPGRADE

Una Experiencia De Transformación En Vivo Enfocada En Principios y Estrategias Para Transformar Tu Forma De Pensar. Utilizamos Métodos Creativos, Dinámicos e Interactivos Que Enriquecen La Experiencia Formativa De Nuestros Participantes.

Comuníquese Con Nosotros Para Detalles De Próximos Eventos O Para Saber Cómo Podemos Llevar El Seminario A Su Ciudad.

Info & Invitaciones: **info@DrBenny360.com**

Descubre Cómo Puedes
Escribir Y Publicar Tu Libro En
90 Días o Menos Siguiendo
7 Simples Pasos

www.AcademiaDeAutores.com